中国道路运输发展报告

National Report on Road Transport Development

(2016)

中华人民共和国交通运输部 编

人民交通出版社股份有限公司
China Communications Press Co.,Ltd.

内 容 提 要

本报告立足于中国交通运输发展新常态,全面客观地反映了2016年度中国道路运输发展状况,记录了行业发展轨迹,盘点了行业发展重大事项,展示了行业发展成就。报告从行业发展概览、各子行业发展状况及年度关注热点三个视角进行阐述,分为三篇,共十四章,内容涵盖了道路旅客运输、道路货物运输、机动车维修、机动车驾驶员培训、国际道路运输等道路运输业务领域,还包含了综合运输服务、多式联运、道路运输安全、绿色低碳运输、客货运改革与转型发展、"互联网+"运输服务与国际道路运输合作交流等本年度行业重点领域的发展情况。本报告既可以为道路运输相关政策制定和行业管理决策服务,也可为企业发展、工程技术等相关研究提供参考,是社会各方面了解中国道路运输行业状况的权威读物。

Abstract

This report comprehensively illustrates the state of development of China's road transport in 2016 under the circumstances of new normal economy, which objectively shows the developmental level and achievements of the industry. Specifically, this report consists of overall 14 chapters in 3 parts, which covers not only the road transport business sections of road passenger transport, road freight transport, vehicle maintenance and repair, drivers training and international road transport, but also the annual hot topics in intergrated transport services, intermodal transport, road transport safety, green low-carbon transport, road transport reformation, internet + transport services and cooperation of international road transport services. This report could support and assist the road transport policy-making process and the administration for the industry. It could also be the references for research & study and the enterprises development. It is highly recommended that this report could be the authoritative guide of China's road transport.

图书在版编目(CIP)数据

中国道路运输发展报告.2016/中华人民共和国交通运输部编.—北京:人民交通出版社股份有限公司,2017.8

ISBN 978-7-114-14014-3

Ⅰ.①中… Ⅱ.①中… Ⅲ.①公路运输发展—调查报告—中国—2016 Ⅳ.①F542.3

中国版本图书馆CIP数据核字(2017)第153043号

书　　名:中国道路运输发展报告(2016)
著　作　者:中华人民共和国交通运输部
责任编辑:董　倩　刘　洋　杨丽改
出版发行:人民交通出版社股份有限公司
地　　址:(100011)北京市朝阳区安定门外外馆斜街3号
网　　址:http://www.ccpress.com.cn
销售电话:(010)59757973
总 经 销:人民交通出版社股份有限公司发行部
经　　销:各地新华书店
印　　刷:中国电影出版社印刷厂
开　　本:880×1230　1/16
印　　张:10
字　　数:282千
版　　次:2017年8月　第1版
印　　次:2017年8月　第1次印刷
书　　号:ISBN 978-7-114-14014-3
定　　价:100.00元

(有印刷、装订质量问题的图书由本公司负责调换)

编委会

编写领导小组

组　长：徐亚华　交通运输部运输服务司司长
副组长：王水平　交通运输部运输服务司巡视员
　　　　　陈胜营　交通运输部规划研究院院长
　　　　　徐文强　交通运输部运输服务司副司长
　　　　　蔡团结　交通运输部运输服务司副司长
　　　　　王绣春　交通运输部运输服务司副司长
　　　　　金敬东　交通运输部规划研究院副院长
成　员：李华强　交通运输部运输服务司综合处处长
　　　　　孟　秋　交通运输部运输服务司城乡客运管理处处长
　　　　　余兴源　交通运输部运输服务司货运与物流管理处处长
　　　　　高　博　交通运输部运输服务司车辆管理处处长
　　　　　许宝利　交通运输部运输服务司出租汽车管理处处长
　　　　　耿晋军　交通运输部运输服务司综合运输服务处处长
　　　　　毛　健　交通运输部综合规划司统计处处长
　　　　　信红喜　交通运输部规划研究院综合运输研究所所长
　　　　　王丽梅　中国道路运输协会会长
　　　　　王　哲　交通运输部科学研究院交通信息中心副主任

编委会

编 写 组

组 长：谭小平
副组长：林 坦
成 员：李 弢　张 洋　李云汉　高美真　魏永存
　　　　　甘家华　张 帅　王 栋　伍焱林　唐俊忠
　　　　　李良华　张晋姝　吕亚军　杨海龙　陈宝丰
　　　　　王望雄　宋肖红　宋晓丽　潘 伟　张子晗

编写说明

本报告由交通运输部运输服务司、交通运输部规划研究院编写完成。交通运输部规划研究院综合运输研究所承担具体的编写及组织工作。

各章主要撰稿人如下：第一章，林坦、高美真；第二章，林坦、谭小平；第三章，王栋、李弢；第四章，张洋、伍焱林；第五章，林坦、王栋；第六章，王栋、王望雄；第七章，张帅、甘家华；第八章，张帅、李弢；第九章，李云汉、魏永存；第十章，张洋、李弢；第十一章，王栋、林坦；第十二章，张洋、伍焱林；第十三章，李云汉、高美真；第十四章，王栋、林坦。全书统稿由林坦完成，附录编撰由林坦、王栋完成。文中数据校核由伍焱林、王望雄、宋肖红、宋晓丽、潘伟、张子晗完成，插图由各章节负责人提供。

交通运输部运输服务司同保、唐俊忠、李良华、张晋姝、吕亚军、杨海龙、陈宝丰、李强等参与了本报告的审稿工作，并提出了修改意见和建议。

本报告所使用的案例素材均来自交通运输部运输服务司、交通运输部综合规划司、交通运输部规划研究院、中国道路运输协会及地方交通运输主管部门。

除特别注明外，本报告所使用的统计数据分别来源于《2012—2016年全国交通统计资料汇编》以及国家统计局、交通运输部综合规划司、交通运输部运输服务司、交通运输部科学研究院等机构发布的统计资料。

本报告中有关道路运输政策的内容，是对部分现行法律、法规和政策的综述和解读，可以作为了解中国道路运输发展政策的线索。读者必要时应查阅使用相关正式文件。

涉及城市汽电车、出租汽车、轨道交通运营、汽车租赁的相关内容，详见交通运输部另行发布的《中国城市客运发展报告（2016）》。

主要指标解释及说明

一、公路里程

指报告期末公路的实际长度。按已竣工验收或交付使用的实际里程计算，不含在建和未正式投入使用的公路里程。

二、道路运输经营业户

道路运输经营业户按道路运输经营许可证中核定的经营范围进行分类统计汇总。

三、道路营运车辆

道路营运车辆根据各省道路运输管理机构登记的车辆资料整理，由各省（自治区、直辖市）交通运输厅（局、委）提供。

四、道路运输量和周转量

道路运输量是通过抽样调查的方法，按运输工具经营权和到达量进行统计，范围包括在全国注册从事道路客货运输的全部企业和个人。道路运输量和周转量不包含城市公共汽电车和出租汽车在公路上的运量。

五、全国民用车辆拥有量

指报告期末，在公安交通管理部门按照《机动车注册登记工作规范》，已注册登记领有民用车辆牌照的全部汽车数量。

六、国际道路运输量

国际道路运输量是由中、外双方国际道路运输经营者通过中国边境口岸完成的旅客、货物运输量。

七、数据

报告中部分数据合计数或相对数由于单位取舍不同而产生的计算误差，未做机械调整。

目 录

综 合 篇

第一章　道路运输业发展环境 …………………………………………………… 3
　　第一节　经济运行缓中趋稳向好 ……………………………………………… 3
　　第二节　社会发展持续稳定健康 ……………………………………………… 8
　　第三节　综合交通运输迈上新台阶 …………………………………………… 10
　　第四节　重大利好政策陆续出台 ……………………………………………… 13

第二章　道路运输业发展概述 …………………………………………………… 17
　　第一节　服务百姓民生成效显著 ……………………………………………… 17
　　第二节　运输保障能力稳步提升 ……………………………………………… 18
　　第三节　基础设施条件持续优化 ……………………………………………… 19
　　第四节　重点领域改革加快推进 ……………………………………………… 21
　　第五节　运输安全形势稳中趋好 ……………………………………………… 23

行 业 篇

第三章　道路旅客运输 …………………………………………………………… 27
　　第一节　运量变化 …………………………………………………………… 27
　　第二节　市场主体 …………………………………………………………… 29
　　第三节　客运车辆 …………………………………………………………… 31
　　第四节　班车客运 …………………………………………………………… 32
　　第五节　农村客运 …………………………………………………………… 35
　　第六节　客运站场建设及运营 ……………………………………………… 38

第四章　道路货物运输 …………………………………………………………… 40
　　第一节　运量变化 …………………………………………………………… 40
　　第二节　市场主体 …………………………………………………………… 41
　　第三节　货运车辆 …………………………………………………………… 45
　　第四节　普通货物运输 ……………………………………………………… 45
　　第五节　危险货物运输 ……………………………………………………… 46
　　第六节　集装箱运输 ………………………………………………………… 48
　　第七节　货运场站建设及运营 ……………………………………………… 50

目 录

  第八节 货运相关服务 …………………………………… 51

第五章 机动车维修与检测及驾驶员培训 ……………………… 53
  第一节 机动车维修与检测 …………………………… 53
  第二节 机动车驾驶员培训 …………………………… 57

第六章 国际道路运输 ………………………………………… 63
  第一节 国际道路运输量及线路 ……………………… 63
  第二节 国际道路运输服务能力 ……………………… 65

专 题 篇

第七章 综合运输发展服务 ………………………………… 71
  第一节 综合运输服务"十三五"规划印发实施 ……… 71
  第二节 综合运输服务示范城市建设深入推进 ……… 72
  第三节 综合运输服务行业标准陆续出台 …………… 74
  第四节 重大节日和活动运输保障圆满完成 ………… 75

第八章 多式联运 …………………………………………… 79
  第一节 多式联运支持政策不断推出 ………………… 79
  第二节 多式联运示范工程成效初显 ………………… 81
  第三节 多式联运全产业链大调研圆满完成 ………… 82
  第四节 多式联运技术标准加快完善 ………………… 82

第九章 道路运输安全 ……………………………………… 84
  第一节 运输安全事故稳定下降 ……………………… 84
  第二节 运输安全管理水平稳步提升 ………………… 88

第十章 绿色低碳交通 ……………………………………… 91
  第一节 交通运输节能环保专项规划出台 …………… 91
  第二节 "中国绿色货运行动"深入推进 ……………… 91
  第三节 节能宣传周活动丰富多彩 …………………… 92

第十一章 道路客运转型升级 ……………………………… 94
  第一节 城乡道路客运一体化稳步开展 ……………… 94
  第二节 京津冀协同发展交通一体化不断深化 ……… 95
  第三节 道路客运接驳运输全面推广 ………………… 97

第十二章　货运改革与发展…………………………………… 99
　　第一节　车型标准化工作深入开展 …………………………… 99
　　第二节　甩挂运输试点成效显著 ……………………………… 101
　　第三节　无车承运人试点稳步推进 …………………………… 102
　　第四节　农村物流与冷链物流有序发展 ……………………… 103

第十三章　运输服务信息化…………………………………… 105
　　第一节　全国道路客运联网售票不断完善 …………………… 105
　　第二节　运政信息系统互联互通加快推进 …………………… 106
　　第三节　12328交通运输服务监督电话成效显著 …………… 106
　　第四节　"互联网+"汽车维修业深度融合 …………………… 106
　　第五节　交通一卡通互联互通有序推进 ……………………… 107
　　第六节　重点营运车辆联网联控运行良好 …………………… 108

第十四章　国际运输合作与交流……………………………… 110
　　第一节　国际道路运输便利化程度提升 ……………………… 110
　　第二节　国际道路运输交流成果丰富 ………………………… 111

附录1　2016年道路运输行业大事记 ………………………… 114

附录2　国外典型国家运输发展情况 ………………………… 123

附录3　图表目录 ……………………………………………… 138

CONTENTS

GENERAL INTRODUCTION

Chapter 1   Environments for Development of Road Transport Sector.................. 3

    Section 1   Continuous and Fast Growth of Economy   3
    Section 2   Steady and Healthy Development of Sociaty   8
    Section 3   Stepping into New Stage of Intergrated Transport   10
    Section 4   Publishment of Important and Profitable Policies................ 13

Chapter 2   Overviews of Development of Road Transport Sector........................ 17

    Section 1   Signafcant Improvement in Satisfying People's
                Daily Need   17
    Section 2   Steady Advance in Service Support Capability   18
    Section 3   Continuous Improvement in the Condition of
                Infrastructures   19
    Section 4   Promoting the Reformation and Restruction of
                Transport Sector   21
    Section 5   Steady Improvement in Transport Security Situation   23

ROAD TRANSPORT SECTOR

Chapter 3   Road Passenger Transport 27

    Section 1   Road Passenger Volume and Turnover 27
    Section 2   Market Composition 29
    Section 3   Passenger Vehicles   31
    Section 4   Liner Passenger Transport 32
    Section 5   Passenger Transport in Rural Areas 36
    Section 6   Constructions and Operations of Passenger
                Transport Stations 38

Chapter 4   Road Freight Transport 40

    Section 1   Road Freight Volume and Turnover 40
    Section 2   Market Composition 41
    Section 3   Freight Vehicles 45
    Section 4   General Cargo Transport   45

CONTENTS

Section 5	Dangerous Cargo Transport	46
Section 6	Container Transport	48
Section 7	Constructions and Operations of Freight Depot	50
Section 8	Relevant Freight Services	51

Chapter 5 Services of Vehicle Maintenance, Repair and Drivers Training 53

Section 1	Maintenance and Repair of Vehicles	53
Section 2	Drivers Training for Motor Vehicles	57

Chapter 6 International Road Transport 63

Section 1	International Road Transport Volumes and Lines	
Section 2	International Road Transport Capacity	65

SPECIFIC TOPICS

Chapter 7 Integrated Transport Services 71

Section 1	Plan for Integrated Transport Services	71
Section 2	Pilot Cities of Integrated Transport Services	72
Section 3	Standardization of Integrated Transportation Services	74
Section 4	Transport Security in Major Festivals and Events	75

Chapter 8 Intermodal Transport 79

Section 1	Intermodal Transport Policy	79
Section 2	Intermodal Transport Demonstration Project	81
Section 3	Field Researching of Intermodal Transport Industry	82
Section 4	Standardization of Intermodal Transport	82

Chapter 9 Road Transport Safety 84

Section 1	Road Transport Accidents	84
Section 2	Transport Safety Management	88

Chapter 10 Green Low-carbon Development 91

Section 1	Transportation Energy Saving and Environmental Protection Plan	91

CONTENTS

      Section 2   Development of CGFI 91
      Section 3   Activities in National Energy Conservation Week 92

Chapter 11   **Reformation and Innovation of Passenger Industry** 94

      Section 1   Urban and Rural Passenger Transport Integration 94
      Section 2   Transport Integration of Beijing, Tianjin and
                      Hebei Cluster 95
      Section 3   Pilot Project of Long-Distance Passenger
                      Transport Connection 97

Chapter 12   **Freight Transport Reform and Development** 99

      Section 1   Standardization of Freight Vehicle 99
      Section 2   Drop-and-Pull Transport Pilot Project 101
      Section 3   Non-Truck Freight Operator Pilot Project 102
      Section 4   Rural and Cold Chain Logistics Development 103

Chapter 13   **Transport Services Informatization** 105

      Section 1   National Road Passenger Transport Online Ticketing 105
      Section 2   Transport Administration Information System
                      Interconnection... 106
      Section 3   12328 Transport Service Supervision Telephone 106
      Section 4   Internet + Automobile Maintenance 106
      Section 5   Integration of Transport Card Interconnection 107
      Section 6   National Interconnection Networking System
                      for Commercial Vehicle 108

Chapter 14   **Cooperation of International Transport** 110

      Section 1   International Road Transport Facilitation 110
      Section 2   International Road Transport Communication 111

Appendix 1   **Important Events of Road Transport in 2016** 114

Appendix 2   **Transport Development and Key Indictors of Typical Countries** 123

Appendix 3   **Lists of Figures and Tables** 138

综合篇

GENERAL INTRODUCTION

第一章 道路运输业发展环境

2016 年,我国发展面临国内外诸多矛盾叠加、风险隐患交汇的严峻挑战。面对复杂严峻的国内外环境和艰巨繁重的改革发展稳定任务,我国以推进供给侧结构性改革为主线,适度扩大总需求,坚定推进深化改革,妥善应对风险挑战,经济社会保持了平稳健康发展,实现了"十三五"良好开局,并为道路运输业的改革发展和转型升级营造了良好环境。

第一节 经济运行缓中趋稳向好

2016 年,我国完成国内生产总值达到 74.4 万亿元,经济总量稳居世界第二,同比增长 6.7%,增长率名列世界前茅,对全球经济增长的贡献率超过 30%。与此同时,经济结构调整稳步推进,消费在经济增长中发挥主要拉动作用,服务业增加值占国内生产总值比例上升到 51.6%,发展新动能不断增强。

一、宏观经济发展态势良好

2016 年,世界经济局势依旧低迷,世界经济和贸易增速创 7 年来新低,国际金融市场波动加剧,"逆全球化"思潮和保护主义倾向抬头,地区和全球性挑战突发、多发,不稳定不确定因素明显增加。面对国内外复杂严峻的形势,我国宏观经济仍保持平稳良性发展态势,经济运行缓中趋稳、稳中向好,经济增长虽比 2015 年下降 0.2 个百分点,但好于 6.5% 的预期水平,仍然保持在合理区间,见图 1-1。全年人均国内生产总值 53980 元,折算成美元为 8178 美元,比 2015 年增长 6.1%。

图 1-1　2012—2016 年国民生产总值及增长率

国民经济的持续稳定增长,为全社会客、货运输稳定发展提供了坚实的需求基础。随着国民经济增长由高速转入中高速,运输服务业的发展增速也逐渐放缓,并与经济运行态势保持相同的缓中趋稳向好发展趋势。客运方面,全社会客运总量降幅进一步收窄。2016 年,我国全年旅客运输总量 190.0 亿人,比 2015 年下降 2.2%,降幅比 2015 年收窄了 2.2 个百分点;旅客周转量 31239.9 亿人公里,比 2015 年增长 3.9%,

增幅下降了1个百分点,见图1-2。货运方面,全社会货运总量基本保持与国民经济同步增长。2016年,我国实现货物运输总量431.3亿吨,比2015年增长5.2%,货物周转量182432.3亿吨公里,比2015年增长5.0%,见图1-3。

图1-2　2012—2016年全国客运量及旅客周转量情况

图1-3　2012—2016年全国货运量及货物周转量情况

二、经济结构调整持续深化

供给侧结构性改革初见成效,对运输服务结构优化产生重大影响。2016年,城乡居民收入、社会消费品零售总额、固定资产投资等主要经济指标增长稳定,结构调整稳步推进,消费对经济增长的拉动作用进一步增强,也对运输服务的便捷性、安全性、舒适性、时效性等方面提出了更高的要求。

供给结构有所改善。各行业、各部门着力抓好"三去一降一补",以钢铁、煤炭行业为重点的去产能成效明显,全年退出钢铁产能超过6500万吨、煤炭产能超过2.9亿吨,超额完成年度目标任务,多种减税降费举措出台,加大了补短板力度。经济发展中的供给结构改善,有力推动了货物运输结构的优化。由于大宗资源型运输需求减少,铁路货运量前几年持续下滑,2016年开始止跌回稳,我国铁路完成货运总发送量33.3亿吨,比2015年虽下降0.8%,但降幅收窄11.1个百分点;完成货物周转量23792.3亿吨公里,比2015年增长0.2%,一改2015年下降13.7%的颓势。

居民收入稳步增加。2016年,我国居民人均可支配收入23821元,比2015年增长8.4%,高于国民经济增速1.7个百分点,扣除价格因素,实际增长6.3%,见图1-4。其中,城镇居民人均可支配收入33616元,实际增长率为5.6%;农村居民人均可支配收入12363元,实际增长率为6.2%。农村居民人均收入增速高于城镇居民。伴随着城乡居民人均收入的不断增加,一方面,私家车全面进入家庭,自驾成为居民短途出行的首选;另一方面,"走得了、运得出"的基本需求得到满足后,对安全可靠、经济高效、便捷舒适的高端运输服务需求日渐旺盛。此外,农村地区对于农村客运、城乡运输一体化发展的需求十分迫切,提高基本公共运输服务均等化水平的任务依然十分艰巨。同时,居民出行需求结构的变化,带来了运输服务结构的变化,营业性道路旅客运输有所下滑,高速铁路发展满足了居民长途出行的需求,铁路和民航客运保持高速增长态势。2016年道路运输完成营业性客运量154.3亿人,比2015年下降4.7%,降幅收窄了2.0个百分点;完成旅客周转量10228.7亿人公里,比2015年下降4.8%,降幅增加了2.5个百分点。铁路全年完成旅客发送量28.1亿人,比2015年增长11.0%,完成旅客周转量12579.3亿人公里,比2015年增长5.2%。民航完成旅客运输量4.9亿人次,比2015年增长11.8%,完成旅客周转量8359.5亿人公里,比2015年增长14.8%。水路客运基本保持稳定,全年完成客运量2.7亿人,比2015年增长0.6%,旅客周转量72.3亿人公里,比2015年减少1.0%。

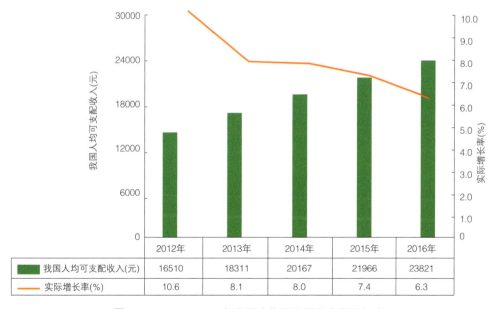

图1-4　2012—2016年我国人均可支配收入及增长率

经济结构加速优化。2016年,第一产业增加值占国内生产总值的比例为8.6%,第二产业增加值比例为39.8%,第三产业增加值比例为51.6%、比2015年提高1.4个百分点,见图1-5。三次产业结构由2012年的10.1∶45.3∶44.6转变为2016年的8.6∶39.8∶51.6,第三产业占比明显提升。"一带一路"、京津冀协同发展、长江经济带建设三大战略深入实施,新一轮东北振兴战略启动,中部地区崛起战略继续推进,区域城乡发展的协调性继续增强。随着产业结构和区域结构的优化升级,跨区域、跨产业的要素和产品流动更加频繁,对集约高效、经济便捷的现代物流体系的要求也越来越迫切,倒逼运输服务行业充分发挥各种运输方式的组合效率,发挥行业整体优势,切实支撑国民经济降本增效。2016年在铁路货运止跌回稳的同时，道路、水路和民航货运依然保持稳定增长态势。道路完成货运量334.1亿吨，比2015年增长6.1%，货物周转量61080.1亿吨公里，比2015年增长5.4%；水路完成货运量63.82亿吨，比2015年增长4.0%，货物周转量97338.8亿吨公里，比2015年增长6.1%；民航完成货邮运输量666.9万吨，比2015年增长6.0%，货邮周转量221.13亿吨公里，比2015年增长6.3%。

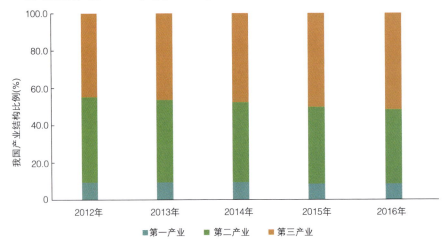

图1-5　2012—2016年我国产业结构变化情况

居民消费保持高速增长。消费在经济增长中发挥主要拉动作用。2016年，社会消费品零售总额332316亿元，比2015年增长10.4%。全年网上零售额51556亿元，比2015年增长26.2%，见图1-6。其中网上商品零售额41944亿元，增长25.6%，占社会消费品零售总额的比例为12.6%。随着消费结构升级以及电子商务的发展，未来货物运输结构中重化工业的产品比例将逐渐减少，快速消费品、厢式化和高附加值货物的比例将不断提高，集装箱货物和快递货物的运输需求量明显大幅增加。2016年，中国快递业务量首次突破300亿件大关，达到312.8亿件，业务量占了全球的40%，同比增长51.4%。快递业务增量突破100亿件，达106.1亿件。用户使用快递频率增加，快递日均服务人次超1.7亿，年人均快递使用量接近23件，比2015年增加近8件。

图1-6　2012—2016年社会消费品零售总额及增长率

固定资产投资稳步增长。2016年，我国全年全社会固定资产投资60.6万亿元，比2015年增长7.9%，见图1-7。其中,交通运输依然在促投资、促消费、稳增长方面发挥着重要作用。2016年,全国完成铁路、公路、水路固定资产投资27902.6亿元,比2015年增长4.7%。其中,铁路完成固定资产投资8015亿元;公路完成建设投资17975.8亿元,比2015年增长8.9%;水运完成建设投资1417.4亿元,比2015年下降2.7%;公路、水路支持系统及其他建设投资494.5亿元,比2015年增长9.8%。

图1-7 2012—2016年固定资产投资总额及增长率

对外贸易逐步回稳。2016年,我国全年货物进出口总额243386亿元,比2015年下降0.9%,降幅比2015年降低6.2个百分点,见图1-8。其中,出口138455亿元,下降1.9%;进口104932亿元,增长0.6%。货物进出口差额33523亿元,比2015年减少3308亿元。对"一带一路"沿线国家进出口总额62517亿元,比2015年增长0.5%。外贸回稳以及"一带一路"倡议的深入推进带动全国港口吞吐量稳定增长,2016年全国港口完成外贸货物吞吐量38.5亿吨,比2015年增长5.1%。2016年全国港口完成集装箱吞吐量2.2亿TEU,比2015年增长4.0%。按港口吞吐量排名,全球十大港口中有7个位于中国。

图1-8 2012—2016年对外贸易总额及增长率

第二节 社会发展持续稳定健康

2016年，围绕推动全面建成小康社会的核心目标，我国继续深入推进新型城镇化和保就业、惠民生等各项举措，社会保持稳定健康发展。道路运输继续在支撑引领服务新型城镇化建设、促进城乡就业、消除城乡"二元"差距等方面发挥重要作用。

一、新型城镇化战略深入推进

2016年，我国城镇常住人口达到79298万，城镇化率为57.4%，比2015年提高1.25个百分点。户籍人口城镇化率为41.2%，比2015年提高1.3个百分点，见图1-9。根据城镇化发展规划，2025年之前70%的人口城市化，2.5亿农民要搬家进城。随着城镇化水平的进一步提高，城际、城乡和城市群之间的人员和物资交往日益频繁，2016年我国道路客运平均运距达到65.9公里，城乡居民的出行范围稳步扩大。同时，城乡融合发展趋势更为明显，城乡交通运输一体化持续加快。

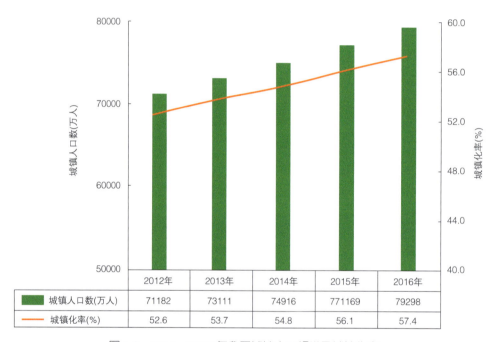

图1-9 2012—2016年我国城镇人口规模及城镇化率

城镇化进程日益加快。城市交通受到各方面高度重视，缓解城市交通拥堵成为当务之急。除了优先发展城市公共交通外，亟待通过合理布局物流基础设施、科学选择运输线路、优化运输组织模式、推广标准环保运输工具等措施，构建科学的城市配送、冷链运输和快递"最后一百米"服务体系，在改善城市生产生活环境、促进城市可持续发展等方面发挥更大的作用。

汽车化时代全面来临。城镇化水平的提高也带动了我国汽车保有量保持高速增长势头。2016年，我国民用汽车保有量15447万辆，同比增长12.4%，其中私人汽车保有量12584万辆，同比增长15.5%。我国已经进入汽车化时代，亟待形成全社会成熟的汽车文化，促进道路运输行业切实加快提升机动车维修、驾驶员培训等汽车后市场的服务能力和水平，满足人民群众日益增长的需要。

新农村建设深入推进。新农村建设带动农村客运不断向纵深发展。2016年，我国新增通硬化路建制村超过1.3万个、通客车建制村5500个。通公路的乡（镇）占全国乡（镇）总数99.99%，其中通硬化路面的乡（镇）占全国乡（镇）总数99.00%、比2015年提高0.38个百分点；通公路的建制村占全国建制村总数99.94%，其中通硬化路面的建制村占全国建制村总数96.69%，比2015年提高2.2个百分点。开通客运线路的乡镇比例为99.02%，开通客运线路的建制村比例为95.37%，建制村通车率比2015年提高1.09个百分点。农村道路客运为保障农村居民安全、便捷出行提供了良好条件。与此同时，新农村建设也对完善农村客运线网布局、稳步提高农村客运班车通达率、推进城乡道路客运一体化发展、推进农村物流服务体系建设等方面提出了更高的要求。

二、新增城乡就业保持稳定

2016年，我国就业人员77603万人，其中城镇就业人员41428万人，城镇新增就业1314万人，见图1-10。我国农村进城务工人员总量28171万人，比2015年增长1.5%。其中，外出农村进城务工人员16934万人，增长0.3%；本地农村进城务工人员11237万人，增长3.4%。道路运输业作为劳动密集型行业，吸纳安置了大量城市待业居民和农村富余劳动力，对国家扩大就业做出了重要贡献。

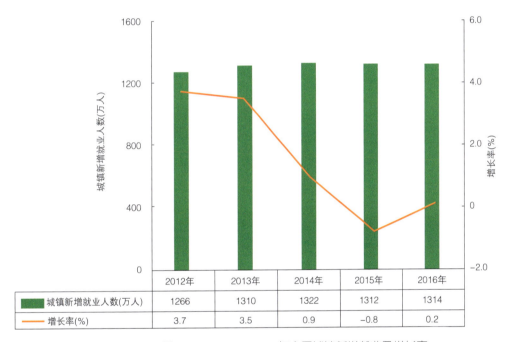

图1-10　2012—2016年全国城镇新增就业及增长率

截止到2016年，全国共有道路运输从业人员2897.7万人，虽同比2015年减少1.5%，但道路运输业仍为社会公众提供了广阔的择业、就业和创业机会。2015—2016年道路运输业就业人员总体分布见表1-1。

2015—2016年道路运输业就业人员总体分布（单位：万人）　　　　表1-1

年份	从业人员数合计	道路旅客运输	道路货物运输	站（场）经营从业人员	机动车维修经营从业人员	汽车综合性能检测站从业人员	机动车驾驶员培训从业人员	汽车租赁从业人员	其他相关业务经营从业人员
2015年	2942.2	338.7	2138.8	42.8	282.2	5.0	102.3	5.6	26.8
2016年	2897.7	322.4	2107.4	41.7	277.6	5.4	111.5	6.6	25.1

第三节 综合交通运输迈上新台阶

伴随经济结构和居民出行需求结构的变化，各种运输方式结构性分化发展特征明显。同时，现代综合交通运输体系建设深入推进，各种运输方式越来越注重发挥各自的比较优势，由注重竞争不断向注重合作转变，逐步回归各自合理化定位，相互衔接水平进一步提高，各种运输方式进一步竞合融合发展。

一、铁路运输结构持续优化

截止到2016年，我国铁路营业里程达12.4万公里，其中高速铁路2.2万公里以上，占世界高铁总里程的60%以上。沪昆高铁全线运营，云桂铁路、渝万高铁等重大项目相继投产，中西部铁路营业里程增加至9.5万公里，占比达76.6%。2016年，我国铁路完成固定资产投资8015亿元人民币，其中国家铁路完成7676亿元；投产新线3281公里、复线3612公里、电气化铁路5899公里；新开工项目46个，其中15个项目以地方政府或社会资本投资为主。

2016年，铁路客运保持强劲增长。铁路完成发送旅客28.1亿人次，同比增长11.0%，连续4年实现10%以上的增长率，见图1-11。其中，动车组发送14.43亿人次，占比超过52%；单日发送旅客最高达1442.7万人次，创历史新高；互联网售票占比超过60%，其中手机购票占总量比例超过40%。

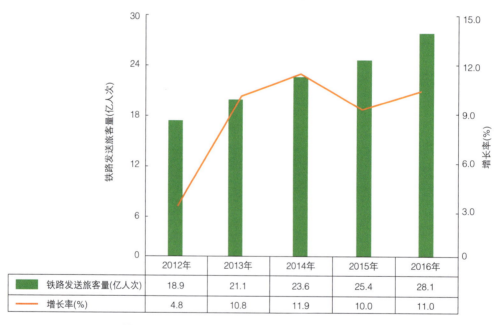

图1-11　2012—2016年铁路发送旅客量及增长率

铁路货运止跌回稳。2016年，我国铁路完成货运总发送量33.3亿吨，比2015年下降0.8%，货运总周转量23792.3亿吨公里，增长0.2%，见图1-12。其中，国家铁路完成货运总发送量26.5亿吨，下降2.3%，货运总周转量21273.2亿吨公里，下降1.5%。铁路试水"双11"，拓展了快运物流市场，集装箱、商品汽车、散货快运量同比分别增长40%、53%和25%，均创历史新高。2016年，铁路部门开行中欧班列1702列、同比增长109%，其中返程班列572列、同比增长116%。国际联运和口岸运输快速发展，铁路口岸运量完成4200万吨、同比增长12%。2016年，国家铁路主要效益指标换算周转量完成33786.9亿吨公里，运输总收入5945亿元，同比实现双增长。

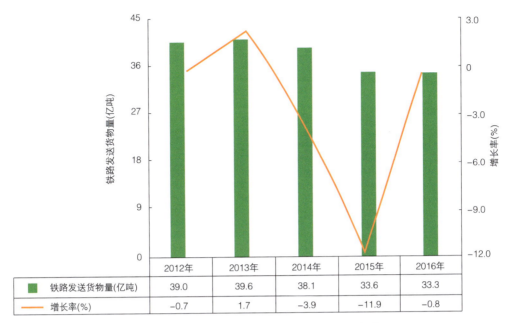

图 1-12　2012—2016 年铁路发送货物量及增长率

二、民航运输保持高速增长

2016 年，民航行业继续保持高速增长。民航全年完成了运输总周转量 960.9 亿吨公里、旅客运输量 4.9 亿人次（图 1-13）、货邮运输量 666.9 万吨（图 1-14），同比分别增长 12.8%、11.8%、6.0%。全行业机队规模已经达到了 5037 架，颁证运输机场 218 个，其中旅客吞吐量千万级以上的机场达到 28 个，航空运输企业也达到了 59 家。航班正常率达到了 76.7%，比 2015 年提高了 8.4 个百分点。民航运输总周转量在综合交通运输体系中已经达到了 26.4%，比 2015 年增长了 3.3 个百分点。同时，航空领域积极推进运输市场的结构调整，基础设施建设的力度明显加大，通用航空也呈现出了快速发展的态势。

2016 年，我国境内机场全年旅客吞吐量首次突破 10 亿人次，达到 101635.7 万人次，比 2015 年增长 11.1%。分航线看，国内航线完成 91401.7 万人次，比 2015 年增长 10.3%；国际航线首次突破 1 亿人次，达到 10234.0 万人次，比 2015 年增长 19.3%。全年完成货邮吞吐量 1510.4 万吨，比 2015 年增长 7.2%。分航线看，国内航线完成 974.0 万吨，比 2015 年增长 6.1%；国际航线完成 536.4 万吨，比 2015 年增长 9.1%。完成飞机起降 923.8 万架次，比 2015 年增长 7.9%，其中运输架次为 793.5 万架次，比 2015 年增长 8.8%。同时，民航开始注重服务质量提升，针对乘客反映强烈的行李托运、票务代理、餐饮质量等方面的问题，开展了"服务质量提升专项行动"，取得了明显效果。

所有境内机场中，年旅客吞吐量 1000 万人次以上的机场有 28 个，较 2015 年净增 2 个，完成旅客吞吐量占全部境内机场旅客吞吐量的 79.1%，其中首都机场突破 9000 万人次，上海 2 个机场合计突破 1 亿人次，北京、上海和广州三大城市机场旅客吞吐量占全部境内机场旅客吞吐量的 26.2%。年货邮吞吐量 10000 吨以上的机场有 50 个，较 2015 年减少 1 个，完成货邮吞吐量占全部境内机场货邮吞吐量的 98.3%，其中北京、上海和广州三大城市机场货邮吞吐量占全部境内机场货邮吞吐量的 49.6%。

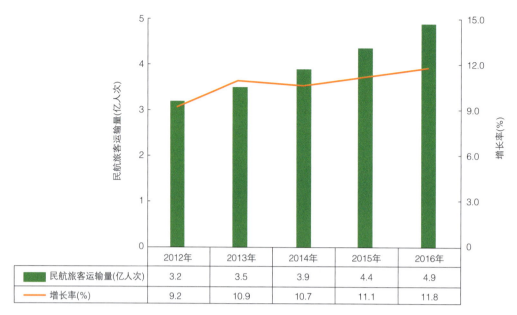

图1-13　2012—2016年民航旅客运输量及增长率

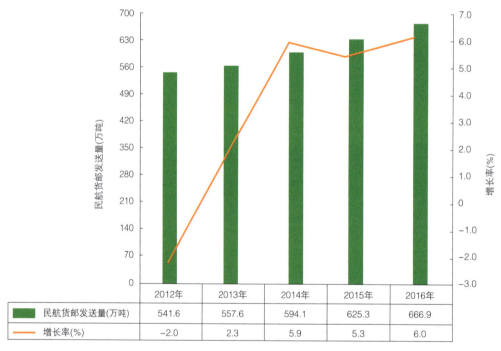

图1-14　2012—2016年民航货邮运输量及增长率

三、对道路运输的影响

道路客运加快结构性调整。高速铁路客运的快速发展，对道路客运尤其是长途客运产生巨大冲击，倒逼道路客运不断调整优化结构。2016年，高速铁路增开了夕发朝至的动卧线路，不断丰富了高速铁路服务产品，凭借速度快、时间准、安全舒适等明显优势，极大地方便了旅客出行。高速铁路的快速发展对道路客运市场，尤其是中长途旅客运输市场产生重大影响，中高端旅客的出行需求大幅分流。2016年道路营业性客运量和旅客周转量继续下滑，共开通客运班线17.8万条，比2015年减少1.7%，其中，400～800公里的客运线路10541条，比2015年减少797条，减少7.0%；800公里以上的客运线路5507条，比2015年减少430条，减少7.2%。但同时，高速铁路以及民航客运的快速发展，也为道路客运提供了难得的新机遇。道路客运企业依托高速铁路站和民航机场，密切与高速铁路、民航服务协作，加强旅客集散及换乘服务，不断创新"空铁通""空巴通"等联运产品，提供"零换乘"衔接服务以及优先值机、票价优惠等服务方式更趋多样，定制客运、商务快巴、旅游客运等多元化特色服务更具有广阔的发展空间。

道路货运加快集约化发展。高速铁路快速发展以及铁路客货分离，带来了铁路货运能力的极大释放，加之航空货运的快速发展，带来了铁路和航空多式联运发展的巨大潜力。道路货运企业积极融入多式联运，在"最后一公里"服务、联运模式创新、货源市场开发等领域不断深化与其他运输方式的无缝对接，对于推动中长距离道路运输向铁路和水运转移将产生重大影响。同时，无车承运人试点的纵深推进，"互联网+"车货匹配、"互联网+"平台整合等新兴业态蓬勃发展，也将推动道路货运的组织化进程，提高集约化发展能力和水平。

第四节 重大利好政策陆续出台

2016年，国家与行业陆续出台运输相关政策和法规，对于引导和规范道路运输市场、促进道路运输行业的健康可持续发展发挥了重要作用。

1.《关于进一步鼓励开展多式联运工作的通知》

2016年12月，经国务院同意，《交通运输部等十八个部门关于进一步鼓励开展多式联运工作的通知》（交运发〔2016〕232号，以下简称《通知》）印发实施，标志着我国已将多式联运发展上升为国家层面的制度安排。《通知》是进入21世纪以来，多部门首次针对多式联运发展进行联合专项部署的重要文件，对指导我国多式联运产业实践、培育经济发展新动能、加快交通运输供给侧结构性改革具有重要的现实意义和长远影响。

《通知》坚持问题导向与目标导向相结合，坚持统筹谋划与重点突破相结合，坚持多方参与和部门协同相结合，从5个方面提出了18项具体任务要求，明确了到2020年力争实现多式联运货运量比2015年增长1.5倍的发展总目标。《通知》的出台，进一步明确了发展目标、主要任务和部门分工，有利于进一步凝聚各方共识，加强政策协同，推动形成多方联动的工作格局。《通知》提出的"推动中长距离货物运输由道路有序转移至铁路、水路等运输方式"，为发挥道路运输的经济性、优化货运市场结构指明了具体方向。

2.《综合运输服务"十三五"发展规划》

2016年7月，交通运输部正式印发了《综合运输服务"十三五"发展规划》，这是交通运输大部门体制改革后，制定的第一个综合运输服务领域的专项规划。《综合运输服务"十三五"发展规划》立足综合交通运输体系建设，以"四个全面"战略布局为统领，以改进提升综合运输服务为宗旨，以推动各种运输方式协同协作、竞合融合为主线，加快构建普惠均等、便捷高效、智能智慧、安全可靠、绿色低碳的综合运输服务系统，着力打造综合运输服务升级版，持续增进社会公众满意度和获得感。

《综合运输服务"十三五"发展规划》提出了普惠均等、便捷高效、智慧智能、安全可靠、绿色低碳5大类、45项具体指标。到2020年，基本建成统一开放、竞争有序的综合运输服务市场体系，客运"零距离换乘"和货运"无缝化衔接"水平大幅度提高，运输一体化服务形式更加丰富，综合运输服务与移动互联网深度融合、与关联产业密切联动，社会感知度和公众满意度显著增强，有力支撑交通真正成为经济社会发展的先行官。

为确保实现发展目标,《综合运输服务"十三五"发展规划》提出了建设统一开放的综合运输市场体系、提升综合运输通道服务效能、提高综合运输枢纽服务品质、构建便捷舒适的旅客运输系统、建设集约高效的货运物流体系、发展先进适用的运输装备技术、促进开放共赢的国际运输发展、加强运输从业人员职业化建设、深化运输安全保障能力建设、推动"互联网+"与运输服务融合发展、促进运输服务与相关产业联动发展等 11 个方面共 45 项重点任务。道路运输将在推动各种运输方式的服务衔接、优化短途接驳与集散运输组织、提升"最后一公里"服务水平方面发挥更重大的作用。

3.《关于推进改革试点加快无车承运物流创新发展的意见》

2016 年 8 月,交通运输部办公厅印发了《关于推进改革试点加快无车承运物流创新发展的意见》(交办运〔2016〕115 号,以下简称《意见》),在全国启动开展道路货运无车承运人试点工作。通过试点逐步调整完善无车承运人在许可准入、运营监管、诚信考核、税收征管等环节的管理制度,建立健全无车承运人在信息共享、运输组织、运营服务等方面的标准规范,推动大数据、云计算等先进技术在物流领域的广泛应用,培育一批理念创新、运作高效、服务规范、竞争力强的无车承运人,引导货运物流行业的规模化、集约化、规范化发展。

《意见》明确试点内容包括:规范无车承运人经营行为,推进无车承运人信用建设,认真落实无车承运人营改增相关政策,鼓励无车承运人创新运营管理模式,探索创新无车承运人的管理制度。并就试点的组织管理提出明确要求。

值得关注的是,2016 年 3 月,财政部、国家税务总局印发了《关于全面推开营业税改增值税试点的通知》,明确规定无车承运业务按照"交通运输服务"缴纳增值税,此为无车承运物流发展创造了必要的政策环境。

4.《关于鼓励支持运输企业创新发展的指导意见》

2016 年 12 月,交通运输部、财政部、国家铁路局、中国民用航空局、国家邮政局、中国铁路总公司等六部门联合印发了《关于鼓励支持运输企业创新发展的指导意见》(交运发〔2016〕227 号,以下简称《指导意见》),明确到 2020 年,培育一批具有国际竞争力的创新型运输企业,运输企业创新活力不断增强,服务国家"三大战略"实施和经济社会发展。

《指导意见》提出鼓励支持运输企业创新发展的主要任务包括:鼓励支持运输企业协同创新,促进产业联动发展、企业联盟发展、旅客联程运输发展;鼓励支持运输企业组织创新,推进运输企业"双创"和客货运组织模式创新;鼓励支持运输企业技术创新,运输企业平均研发投入占营业收入比例力争达到 2.5%;鼓励支持运输企业服务创新,大力发展"互联网+"运输服务;鼓励支持运输企业制度创新。《指导意见》从协同模式、组织方式、新技术应用、财税金融政策、法规体系等多个维度,为道路运输企业创新发展注入强劲推动力。

5.《关于稳步推进城乡交通运输一体化 提升公共服务水平的指导意见》

2016 年 11 月,交通运输部联合十一部委共同印发了《关于稳步推进城乡交通运输一体化 提升公共服务水平的指导意见》(交运发〔2016〕184 号),文件提出,城乡交通运输一体化的发展目标是:到 2020 年,城乡交通运输服务体系基本建立,城乡交通基础设施网络结构优化并有效衔接,公共服务水平显著提升,城乡交通运输一体化格局基本形成。主要目标是实现"八个 100%":具备条件的乡镇和建制村通硬化路率达到 100%,具备条件的乡镇和建制村通客车比例达到 100%,城市建成区路网密度和道路面积率符合要求比例达到 100%,中心城市公交站点 500 米覆盖率达到 100%,500 人以上岛屿通航比例达到 100%,建制村直接通邮比例达到 100%,具备条件的乡镇快递服务网点覆盖率达到 100%,具备条件的建制村通快递比例达到 100%。

为加快推进城乡交通基础设施的衔接和城乡交通运输服务的一体化建设,文件提出了加快推进城乡交通运输基础设施一体化建设、加快推进城乡客运服务一体化建设、加快推进城乡货运物流服务一体化建设、努力营造城乡交通运输一体化发展环境等 4 个方面 11 项具体工作。

6.《关于贯彻落实"一带一路"倡议加快推进国际道路运输便利化的意见》

2016年12月,交通运输部、外交部、国家发展改革委、公安部、财政部、商务部、海关总署和国家质检总局等八部委联合发布《关于贯彻落实"一带一路"倡议加快推进国际道路运输便利化的意见》(交运发〔2016〕206号),明确到2020年初步建成开放有序、现代高效的国际道路运输体系。

文件提出了国际道路运输便利化的发展目标:与"一带一路"沿线主要国家建立健全国际道路运输合作关系和工作机制,打通与周边国家的经济走廊运输通道,力争实现路通车通,逐步消除制约国际道路运输发展的软件短板和非物理障碍,减少人员和货物的"非效率"运输环节,降低跨境运输时间和成本,提高运输效率和服务水平。

文件的发布是八部委全面贯彻落实"一带一路"倡议的一次共同行动。各部门将紧密合作,在设施联通、贸易畅通、过境运输、口岸通关、与国际规则"接轨"等各个方面协同协作,加快推进国际道路运输便利化,推动设施互联互通和贸易畅通,促进"国际经济走廊"建设和口岸大通关建设,打造全方位对外开放新格局,提升我国国际道路运输保障能力和服务水平。

根据文件安排,八部委将从加快基础设施互联互通建设、加快完善法规标准体系、加快提高口岸通关效率、加快改善便利化运输环境、加快提升发展质量和竞争力以及加快应急救援保障体系建设等六个方面推进国际道路运输便利化相关工作。

7.《车辆运输车治理工作方案》

为贯彻落实《交通运输部 工业和信息化部 公安部 工商总局 国家质检总局关于进一步做好货车非法改装和超限超载治理工作的意见》(交公路发〔2016〕124号)的要求,全面部署车辆运输车治理工作,规范车辆运输车的使用和管理,保障道路交通安全,2016年8月,交通运输部、国家发展改革委、工业和信息化部、公安部、质监总局联合印发了《车辆运输车治理工作方案》(交办运〔2016〕107号,以下简称《方案》)。《方案》提出,自2016年9月21日起,严禁"双排车"进入高速公路。2016年9月21日至2018年6月30日为不合规运输车辆的整改期,在此期间暂时允许本方案发布之前注册登记的"单排车"过渡运行,各地高速公路经营管理单位应拒绝"双排车"车辆驶入。

《方案》以解决行业突出矛盾和问题为导向,坚持"标准引领、循序渐进、疏堵结合、协同推进"的原则,通过两到三年时间的综合治理,基本消除车辆运输车违规运营现象,实现标准车型在汽车整车物流公路运输企业得到普遍应用,道路交通安全水平、企业运输效率明显提升,乘用车采用水路、铁路运输的比例显著增加,我国汽车整车物流业进入有序、规范、健康的发展轨道。按照《方案》要求,治理工作按照"推标准、控增量、消存量、抓源头、严执法、提效率"的思路,重点推进做好《汽车、挂车及汽车列车外廓尺寸、轴荷及质量限值》(GB 1589—2016)标准贯彻实施、强化治理严把增量、综合施策消化存量、强化监管抓好源头、加强路面执法检查、优化组织提升效率等6个方面工作。

8.《关于深化改革加快推进道路客运转型升级的指导意见》

2016年12月,交通运输部印发了《关于深化改革加快推进道路客运转型升级的指导意见》(交运发〔2016〕240号,以下简称《转型升级指导意见》),聚焦道路客运发展中的突出问题,重点推进道路客运供给侧结构性改革、资源配置改革和监管制度改革,着力提升道路客运发展质量、服务效能和综合治理能力,努力打造道路客运升级版。

《转型升级指导意见》提出,2020年基本建成安全、可靠、经济、高效、衔接顺畅、服务优质的道路客运服务体系,形成一批道路客运龙头骨干企业。《转型升级指导意见》部署了5大任务,包括提升道路客运创新发展能力、提升道路客运综合服务能力、提升道路客运安全生产能力、推进道路客运价格市场化改革、推进建设与互联网融合的智慧服务系统。具体包括:推进道路客运经营主体结构调整,支持骨干道路客运企业整合资源成立股份制公司和异地设立子公司、分公司,推进道路客运网络化运营。探索政府和社会资本合作模式,吸引社会资本参与道路客运服务、站场建设和运营服务。

9.《关于进一步加强农村物流网络节点体系建设的通知》

2016年11月，交通运输部办公厅印发了《关于进一步加强农村物流网络节点体系建设的通知》（交办运〔2016〕139号），要求加快推进农村物流县、乡、村三级网络节点体系建设，不断提升农村物流服务水平。

农村物流网络节点体系包括县级农村物流中心、乡镇农村物流服务站、村级农村物流服务点三个层级，是农村地区重要的公共服务基础设施，也是支撑农村物流健康发展的先行条件，对于保障城乡物资双向顺畅流动、提升农村基本公共服务水平、支撑农业现代化发展具有重要作用。

按照文件要求，要加快建成一批农村物流功能突出、服务"三农"效益显著的网络节点，推动实现"建设标准化、管理规范化、服务多元化"，全面提升农村物流的服务水平，并提出了优化节点布局、做好统筹规划，完善站场功能、提升服务水平，注重模式创新、强化运营管理，加强信息化建设、实现互联互通，加强组织领导、强化政策支持等具体工作任务。

10.《道路运输车辆技术管理规定》

2016年1月，交通运输部颁布了新修订的《道路运输车辆技术管理规定》（交通运输部令2016年第1号），自2016年3月1日施行。

《道路运输车辆技术管理规定》按照"创新、协调、绿色、开放、共享"的发展理念，坚持"综合交通、智慧交通、绿色交通、平安交通"目标导向，制定符合行情民意、具有时代特征的政策措施；坚持问题导向，主动大胆作为，着力解决行业发展中的难点热点问题，满足道路运输行业转型升级、提质增效的需要。

《道路运输车辆技术管理规定》厘清了交通运输主管部门与经营者关于道路运输车辆技术管理的边界，明确了道路运输经营者是车辆技术管理的责任主体；系统地强化了车辆基本技术条件，同时强化了事中事后监管；创新了道路运输车辆维护制度、车辆技术管理监管方式和车辆分类管理模式，对于促进道路运输安全及节能减排，保障道路运输业健康可持续发展将发挥重要作用。

11.《超限运输车辆行驶公路管理规定》

2016年8月，交通运输部颁布了新修订的《超限运输车辆行驶公路管理规定》（交通运输部令2016年第62号），自2016年9月21日起施行。

《超限运输车辆行驶公路管理规定》在总结多年治超工作经验的基础上，结合新形势新需求以及上位法规定，对《超限运输车辆行驶公路管理规定》（交通部2000年第2号令）进行全面修订。修订后的《超限运输车辆行驶公路管理规定》分五章，分别是总则、大件运输许可管理、违法超限运输管理、法律责任和附则，共五十五条。修订的主要内容包括统一了超限认定标准、优化了大件运输许可流程、加强了对大件运输车辆行驶公路的管理、规范了对违法超限运输行为的处罚等。

12.《交通运输部关于修改〈道路旅客运输及客运站管理规定〉的决定》

2016年12月，交通运输部发布了《交通运输部关于修改〈道路旅客运输及客运站管理规定〉的决定》（交通运输部令2016年第82号），自2017年3月1日起实施。

道路客运作为综合运输体系的重要组成部分，新形势下，道路客运还存在服务水平不高、安全保障能力不强、行政管制较多等问题，迫切需要加快深化改革。2016年底对《道路旅客运输及客运站管理规定》进行了部分条款修改，本次修改主要分为两个方面，一是支持深化道路客运改革，包括扩大道路客运企业经营自主权、简化和优化审批程序、进一步规范包车客运管理等。二是根据《中华人民共和国反恐怖主义法》对长途客运实行实名查验制度做出的规定，落实道路客运实名制规定，主要包括明确了长途客运实名制的实施主体和实施范围；明确对旅客购票、免票儿童申领实名制客票及网络、电话等方式实名购票的有关要求等。

第二章　道路运输业发展概述

2016年，道路运输行业积极贯彻落实创新、协调、绿色、开放、共享发展理念，加快推进"四个交通"发展，以深化供给侧结构性改革为主线，着力改进提升综合运输服务，为广大人民群众提供更安全、更便捷的运输服务，为全面建成小康社会提供高效率、低成本的运输保障，推动综合交通运输体系深度融合，综合运输服务能力和水平稳步提升，为经济持续健康发展和社会和谐稳定提供了有力支撑。

第一节　服务百姓民生成效显著

2016年，道路运输行业着力加快人民满意交通建设，不断解决人民群众最关心最直接最现实的运输服务问题，人民群众对运输服务的获得感进一步增强。

一、五件更贴近民生实事全面完成

2016年交通运输部确定的13件更贴近民生实事，涉及道路运输行业的共有农村客运通达、重点营运车辆联网联控、交通一卡通互联互通、道路客运联网售票、机动车驾培机构培训服务等5件，全部超额完成。

我国新增通客车建制村5500余个，北京、上海、河北、辽宁、湖北、江苏、新疆生产建设兵团全面实现建制村通客车。110个城市实现交通一卡通互联互通，京津冀地区、重庆、江苏、吉林、福建实现全部地级市的互联互通。24个省域道路客运联网售票系统基本建成，覆盖率达77.4%。推行驾培服务模式改革的驾培机构总数10242家，实行"计时培训、按学时收费、先培训后付费"服务模式的驾培机构覆盖率达63.5%。我国重点营运车辆联网联控系统车辆入网率98.6%，上线率92.1%。

二、春运组织保障不断强化

2016年春运，我国道路运输行业运送旅客24.95亿人次，同比增长3.0%。道路运输行业共投入大中型营运客车76万辆，平均日发班次250万次、近2200万客位，运力供给较为充足，未发生大面积、长时间交通拥堵，较好满足了公众个性化、高品质运输服务需求，旅客出行更加有序。春运期间，我国各级道路运输管理部门严格加强安全监管，有效保障安全出行，一次死亡3人以上事故起数减少7起，死亡人数比2015年下降了66.2%，总体上安全事故发生次数和死亡人数处于低位。交通运输部联合公安部、国家安监总局、全国总工会，深入开展了春运"情满旅途""农村进城务工人员平安返乡（岗）优质服务竞赛""暖冬行动"等活动，受到广大旅客欢迎。同时，交通运输主管部门还重点关注互联网等新技术在春运中的服务功能应用，大力推进网上购票和出行信息服务，联合发布《2016年春节出行预测报告》等大数据报告，委托第三方开展了"邀您共同话春运"服务体验在线调查，71%的旅客对2017年春运服务感到满意或较往年有所改善，较2016年提高2个百分点。

三、城乡交通运输一体化加快推进

为深入贯彻习近平总书记"四好农村路"重要批示精神，围绕运输服务主题，交通运输部在湖北竹山召开现场会，杨传堂书记出席会议并做了重要讲话。2016年，交通运输部启动首批50个城乡交通运输一体化示范县建设，城乡道路客运一体化水平进一步提升。我国乡镇和建制村通客车率分别达到 99.02% 和 95.37%，解决了 5.7 亿农民群众出行问题。各地交通运输、供销、邮政、商贸等部门通力合作，积极推进县乡村三级农村物流网络节点体系建设，"消费品下乡"和"农产品进城"更加便利，城乡货运一体化进程不断深化。

第二节 运输保障能力稳步提升

一、道路运输依然保持主体地位

2016 年，我国道路运输完成营业性客运量 154.3 亿人，比 2015 年下降 4.7%；旅客周转量 10228.7 亿人公里，比 2015 年下降 4.8%，见图 2-1。完成货运量 334.1 亿吨，比 2015 年增长 6.1%，货物周转量 61080.1 亿吨公里，比 2015 年增长 5.4%，见图 2-2。其中，客运量降幅比 2015 年收窄了 2 个百分点，旅客周转量降幅进一步加大，比 2015 年高出 2.5 个百分点。随着中长途客运回归铁路和民航运输方式，道路客运的运距进一步缩短。虽然受全国经济增长速度变化、经济结构调整和大宗物资需求降低等诸多因素影响，道路货运量与货物周转量增速比 2015 年仍然提高了 4.9 个百分点和 3.4 个百分点，道路货运需求依然旺盛，道路运输仍为经济社会发展提供有力支撑。

道路运输继续在综合运输体系中发挥基础与主体作用。2016 年，道路货运量和货物周转量在综合运输体系中所占比例分别为 77.5% 和 33.5%，道路客运量、旅客周转量在综合运输体系中所占比例分别为 81.2% 和 32.7%。

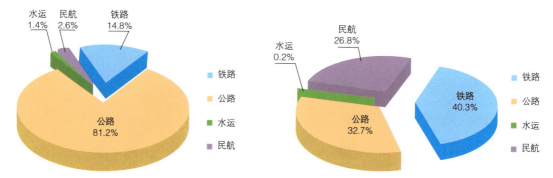

图 2-1 2016 年道路运输完成客运量和旅客周转量在综合运输体系中占比

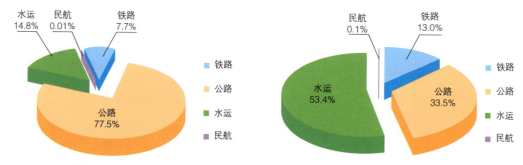

图 2-2 2016 年道路运输完成货运量和货物周转量在综合运输体系中占比

二、运力规模结构良性调整

2016年，我国营运客车车辆数及客位数继续保持平稳，与此同时，个体运输户的客运车辆进一步减少，安装了卫星定位装置和安全监控设备的车数量明显增加。我国营运客车车辆数为84.0万辆，比2015年增长0.1%，车辆客位数2140.3万个，比2015年减少0.4%。平均客位数25.5客位/辆，基本与2015年持平。其中大型客车30.6万辆，比2015年增长0.2%，1332.6万客位，比2015年增长0.6%。

2016年，我国营运货车辆数量有所减少，货运吨位数则有所增加。我国营运货车达1351.8万辆，比2015年减少2.7%，吨位达到10826.8万吨，增长4.4%。我国载货汽车车辆平均吨位为8.0吨，比2015年增加0.5吨，同比提升了6.7%。其中，普通货车946.0万辆，比2015年减少6.5%，吨位4843.8万吨，比2015年减少2.8%；专用货车47.56万辆，比2015年减少1.7%，吨位527.6万吨，比2015年增长4.9%。2012—2016年全国营运客车及其客位数、货车及其吨位数变化情况见表2-1。

2012—2016年全国营运客车及其客位数、货车及其吨位数变化情况 表2-1

年　份	2012年	2013年	2014年	2015年	2016年
营运客车（万辆）	86.7	85.3	84.6	83.9	84.0
客位数（万客位）	2166.6	2170.3	2189.5	2148.6	2140.3
营运货车（万辆）	1253.2	1419.5	1453.4	1389.2	1351.8
吨位数（万吨）	8062.1	9613.9	10292.5	10366.5	10826.8

三、汽车后市场服务加快转型升级

2016年，伴随着机动车保有量增速的下降，机动车维修与检测及驾驶员培训等服务需求发展势头也有所缓和，与此同时，行业改革不断深化，人民群众满意度不断提升。

2016年，我国机动车维修行业共完成维修量33720.0万辆次，同比下降了2.0%，连续两年保持下滑态势。与此同时，我国的机动车维修行业的集约化发展趋势更加明显。我国机动车维修经营业户44.6万户。其中，三类汽车维修业户仍然是我国机动车维修业的主体，比例达到67.3%，比2015年增加0.6个百分点；机动车维修业户依然主要集中在东部地区，占比达到40.2%，同比增加0.4个百分点。2016年，交通运输部颁布了《道路运输车辆技术管理规定》（交通运输部令2016年第1号），对于道路运输车辆准入、使用、维修、检测、监管各个环节，制定了一整套新的管理措施，自2016年3月1日起施行。

2016年，我国共计完成机动车驾驶员培训2686.6万人次，同比增加2.3%；其中培训合格的达2257.8万人次，合格率为84.0%；完成道路运输从业资格培训254.6万人次，同比减少6.6万人。我国机动车驾驶员培训机构户均拥有教学车辆为44辆，同比减少1辆。

第三节　基础设施条件持续优化

一、公路里程平稳增加

2016年，我国公路总里程469.6万公里，比2015年增加11.9万公里。公路密度48.9公里/百平方公里，增加1.2公里/百平方公里，见图2-3。我国通公路的乡（镇）占全国乡（镇）总数99.99%，其中通硬化路面的乡（镇）占全国乡（镇）总数99.0%、比2015年提高0.4个百分点；通公路的建制村占我国建制村总数99.94%，其中通硬化路面的建制村占我国建制村总数96.69%，提高2.2个百分点。

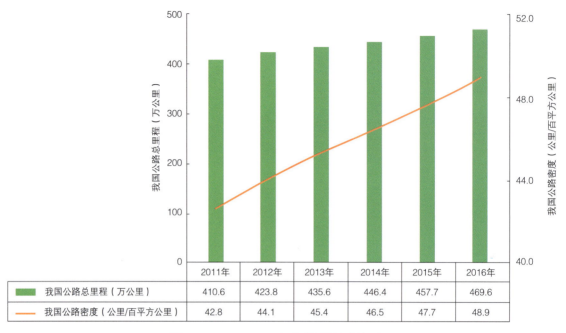

图2-3　2012—2016年公路里程及增长率

二、路网结构持续优化

2016年，四级及以上等级公路里程422.7万公里，比2015年增加18.0万公里，占公路总里程90.0%，提高1.6个百分点。二级及以上等级公路里程60.1万公里，比2015年增加2.6万公里，占公路总里程12.8%，提高0.2个百分点。

从结构来看，高速公路里程13.1万公里，一级公路9.9万公里，二级公路37.1万公里，三级公路42.3万公里，四级公路320.3万公里，等外公路50.0万公里，占比分别为2.8%、2.1%、7.9%、9.0%、68.2%和10.0%，高速公路和一级公路里程增幅最大，等外公路有所减少，见图2-4。

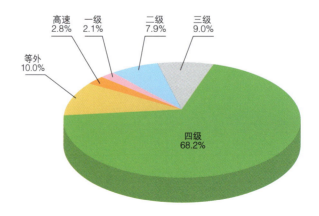

图2-4　2016年公路网络结构

三、场站建设加快推进

截止到 2016 年，我国客运站总数为 35.2 万个，同比增长 4.8%；等级客运站 20707 个，同比减少 45 个，降幅为 0.2%。其中，一级至四级客运站共有 10413 个，同比减少 89 个。我国共有等级货运站 2778 个，其中一级货运站 272 个、二级货运站 236 个。2012—2016 年全国主要客货运站场建设情况见表 2-2。

2012—2016 年全国客货运站场建设情况（单位：个）　　　　表 2-2

年份	客运站					货运站				
	总数	一级	二级	三级	四级	总数	一级	二级	三级	四级
2012 年	10242	706	2065	2078	5393	3598	268	305	813	2212
2013 年	10292	751	2058	2001	5482	3179	259	270	765	1885
2014 年	10506	793	1971	2001	5741	3124	257	270	563	2034
2015 年	10502	847	1952	1965	5738	2928	252	260	523	1893
2016 年	10413	857	1949	1943	5664	2778	271	236	415	1856

第四节　重点领域改革加快推进

一、行业改革增加市场活力

各级道路运输管理部门围绕供给侧结构性改革、行业治理能力和治理体系建设、客货运转型升级等关键词，不断深化改革，加强信息化应用，引导运输行业提升服务品质，取得显著成效。

交通运输部联合十一部委共同印发的《关于稳步推进城乡交通运输一体化 提升公共服务水平的指导意见》（交运发〔2016〕184 号）提出，到 2020 年实现具备条件的乡镇和建制村通硬化路率达到 100%，具备条件的乡镇和建制村通客车比例达到 100% 等"八个 100%"，基本形成城乡交通运输一体化格局，让人民群众共享交通运输改革发展成果。交通运输部印发的《关于深化改革加快推进道路客运转型升级的指导意见》（交运发〔2016〕240 号）提出，充分发挥出道路客运的比较优势，进一步提升综合运输整体服务效能，更好地满足了经济社会发展和人民群众出行需要。无车承运人试点工作稳步推进，福建等省份率先签发了一批无车承运人经营许可，引领带动了道路货运的集约化发展。汽车维修积极开展汽车电子健康档案系统建设工作，各地积极全面推行"计时培训、计时收费、先培训后付费"驾培服务模式改革，累计取消行政审批事项 1 项、取消道路运输从业人员从业资格 5 项、下放道路运输许可审批事项 1 项，仍执行的 5 项行政许可和审批事项均已改革调整为"先照后证"事项，运输服务行业"放管服"改革取得明显成效，激发了市场活力。

二、"互联网+"引领服务升级

为加快推进"智慧交通"建设，切实以信息化、网络化的手段提升运输服务能力，各级道路运输部门充分结合"互联网+"概念，积极应对新业态、新形势，主动破解行业变革难题，全面做好客运联网售票、运政信息系统和交通一卡通互联互通等重要工作，有力提高行业管理水平。

2016 年，交通运输部下发了《关于开展道路客运联网售票系统部省联网工作的通知》（交运办〔2016〕82 号），督促各地加快省级平台建设和与部级平台联网，推进道路客运联网售票民生实事、京津冀联网售票工程等工作。截止到2016年,我国已有24个省份实现省域道路客运联网售票,覆盖率达77.4%,并同步推进部省道路客运联网售票的衔接。110个城市实现交通一卡通互联互通,京津冀地区、重庆、江苏、吉林、福建实现了全部地级市的互联互通。我国31个省级平台已全部接入全国重点营运车辆联网联控系统,联网联控系统"两客一危"车辆入网总数70.11万辆,入网率98.61%,上线率93.79%,我国重点营运车辆上线率超过92%。

交通运输部推进运政管理信息系统部省联网和跨省应用。2016年,27个省(自治区、直辖市)实现了运政系统互联互通,定时报送19项核心指标、实时报送人车户基本信息,运政管理效率得到有效提升。12328电话系统深入推进取得成效,截止到2016年,共有北京等30个省份和新疆生产建设兵团实现了12328系统部、省、市三级联网运行。

三、市场主体结构调整加快

道路运输市场结构调整取得进展,个体运输业户明显减少,主体结构进一步呈现经营业户规范化、专业化和规模化的发展趋势。截止到2016年底,全国从事道路旅客运输的业户为4.1万户,同比减少4.7%。其中道路旅客运输企业1.2万户,同比增加9.1%,个体运输户3.0万户,同比减少6.3%。从事道路货物运输的经营业户为679.1万户,同比减少了39.1万户,降低5.4%。其中货物运输企业57.8万户,同比减少1.4万户,个体运输户621.3万户,同比减少37.7万户。根据道路运输经营许可证所界定的经营范围划分,截止到2016年,共有普通货物运输经营业户665.0万户,同比减少3.7%;货物专业运输经营业户7.7万户,同比增长8.1%。

截止到2016年,全国道路运输业外商投资企业4114家,同比增加78家。上海市外商投资企业数达到1678家,继续排名第一位。广东省外商投资企业数达到1607家,位居第二。其他省(自治区、直辖市)的外商投资企业数量及排名情况与上年相比变化不大。2016年我国外商投资道路运输企业数量列前10位的省(自治区、直辖市)情况见表2-3。

2016年我国外商投资道路运输企业数量列前10位的省(自治区、直辖市)(单位:个)　　表2-3

地区	客运	货运	运输站(场)	机动车维修	合计❶
上海	2	1602	0	74	1678
广东	5	1571	0	36	1607
江苏	14	296	1	39	349
天津	2	254	1	12	268
北京	3	9	0	49	77
浙江	0	21	14	10	45
福建	1	28	0	5	34
山东	1	19	11	6	32
河北	1	7	0	0	8
四川	2	5	0	0	7

❶由于某些企业经营范围广,因此分类统计时会出现统计重复的现象,导致某些地区的前列项数量总和无法等于合计项的数量。

第五节　运输安全形势稳中趋好

一、道路运输事故持续下降

2016年，我国道路运输安全形势保持稳中向好，重特大道路运输行车事故得到抑制，道路运输行车事故总量稳定下降。全年我国共发生一次死亡3人以上道路运输行车事故137起，死亡638人，与2015年相比分别下降12.2%和16.2%，较2012年的213起、1091人下降35.7%和41.5%。其中，一次死亡10人及以上道路运输行车事故5起、死亡95人，分别较2012年的16起、243人下降了68.7%和60.9%，道路运输安全状况持续改善。

二、安全管理能力持续提升

2016年，全行业认真贯彻落实《国务院关于加强道路交通安全工作的意见》（国发〔2012〕30号），严格按照交通运输部有关安全工作部署，强化安全责任意识，明确安全生产责任，提升安全管理质量，在夯实道路运输安全基础和构筑安全监管长效机制上狠下功夫，确保道路运输安全形势总体稳定。

2016年，交通运输部积极会同有关部门联合部署了"道路运输平安年"活动，召开了动员部署电视电话会议，对2017年道路运输安全工作进行了统一安排部署。先后4次组织召开了全国道路运输安全生产季度分析电视电话会议，传达贯彻中央领导和部党组重要指示批示精神，有针对性地部署安全生产工作。针对湖南"6·26"、天津"7·01"等重特大事故暴露出的问题，制定印发了《深刻汲取事故教训切实加强和改进道路客运安全工作的任务分工表》，督促各级各有关部门抓好落实，不断提升道路客运安全水平。重点时段安全保障能力显著提升，有效保障了春运期间以及两会和G20等重特大活动运输安全。

行业篇

ROAD TRANSPORT SECTOR

第三章 道路旅客运输

2016年，受高铁快速发展以及网约车、私家车大幅度增加等因素影响，道路客运市场竞争更加激烈，道路客运生产继续呈现客运量、旅客周转量和实载率同步下降的情况，道路客运整体面临更加严峻的挑战。道路客运量、旅客周转量在综合运输总量中所占比例分别为81.2%和32.7%，道路客运仍然在综合运输体系中发挥基础性和主体性作用。

第一节 运量变化

一、道路客运量及旅客周转量

2016年，我国营业性客运车辆完成道路客运量154.3亿人次、旅客周转量10228.7亿人公里，同比分别减少4.7%和4.8%。我国百城百站客流整体保持下降态势，在春运、"五一"小长假和"十一"黄金周期间出现了短暂高峰。2016年我国百城百站发送旅客总数为39617.6万人次，较2015年减少了8463.1万人次，同比降低了17.6%；发送旅客班次2883.1万次，较2015年增加了68.5万次，同比增长了2.4%；投入运力93346.4万座，较2015年减少了5829.4万座，同比降低了5.9%；旅客平均上座率为42.4%，同比降低了6.0个百分点。全年最大客流高峰出现在9月29日至10月5日，共发送旅客1200.7万人次，平均上座率为59.2%。客流最低时为12月8日至12月14日，共发送旅客608.5万人次，平均上座率为37.1%。2016年我国百城百站旅客发送量年度波动变化见图3-1。

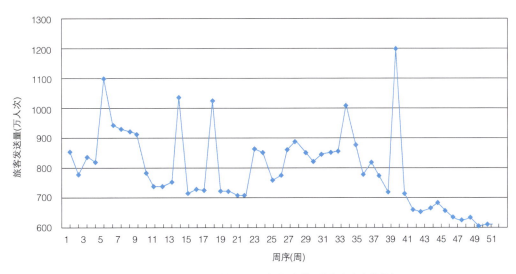

图3-1 我国百城百站2016年旅客发送量波动变化图

2012—2016年，我国发送旅客班次总体继续呈现下降趋势，年均下降幅度为1.5%；我国投入运力在2011和2012年实现同比增长，2013—2016年则同比有所下降，总体呈现下降趋势，年均下降幅度为1.2%；2013—2015年旅客发送量同比稳步下降，2016年旅客发送量大幅下降，2012—2016年年均下降幅度为

4.1%；2012—2016年旅客上座率持续下降，下降幅度达到10.3个百分点。2012—2016年我国百城百站周报汇总数据见表3-1。

2012—2016年我国百城百站周报汇总数据　　　　　　　　　　　表3-1

年　份	指　标	班　次（万次）	投入运力（万座）	旅客发送量（万人次）	旅客平均上座率
2012年	数量	3166.0	105402.6	55585.0	52.7%
	同比增长	1.8%	3.2%	3.0%	−0.04个百分点
2013年	数量	3062.1	103934.5	54366.8	52.3%
	同比增长	−3.3%	−1.4%	−2.2%	−0.43个百分点
2014年	数量	2903.9	101309.3	51697.4	51.0%
	同比增长	−5.2%	−2.5%	−4.9%	−1.3个百分点
2015年	数量	2814.6	99175.8	48080.8	48.5%
	同比增长	−3.1%	−2.1%	−7.0%	−2.6个百分点
2016年	数量	2883.1	93346.4	39617.6	42.4%
	同比增长	2.4%	−5.9%	−17.6%	−6.0个百分点
2012—2016年年均增长率		−1.5%	−1.2%	−4.1%	−1.52个百分点

二、道路客运在综合运输体系中的地位和作用

2016年，道路客运量、旅客周转量在综合运输体系中所占比例分别为81.2%和32.7%，道路客运继续在综合运输体系中发挥基础性和主体性作用。2012—2016年道路运输完成的客运量在综合运输总量中所占比例见图3-2。

图3-2　2012—2016年道路运输完成客运量在综合运输总量中所占比例

第二节 市场主体

一、业务类型及业户规模

2016年，我国从事道路旅客运输的业户为4.1万户，同比减少4.7%。其中道路旅客运输企业1.2万户，同比增加9.1%；个体运输户3.0万户，同比减少6.3%。从经营范围看，截止到2016年，我国共有班车客运经营业户3.8万户，同比减少5.0%；旅游客运经营业户1902户，同比增长7.0%；包车客运经营业户2685户，同比增加3.6%。2016年我国道路旅客运输经营业户构成情况见表3-2。

2016年我国道路旅客运输经营业户构成（单位：户） 表3-2

类 型	合 计	客运企业	个体运输户
班车客运	37754	7963	29791
旅游客运	1902	1896	6
包车客运	2685	2546	139

道路客运企业中拥有车辆数在10～49辆/户的比例最高，分别有42.3%的班车客运企业、52.0%的旅游客运企业以及48.7%的包车客运企业。2016年我国客运企业车辆规模构成情况见图3-3。

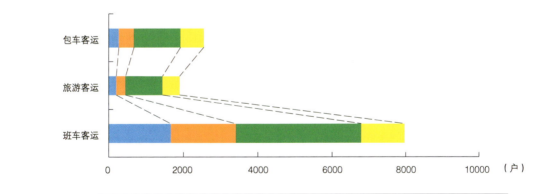

	班车客运	旅游客运	包车客运
100辆及以上企业(户)	1661	203	268
50～99辆的企业(户)	1755	250	412
10～49辆的企业(户)	3369	985	1240
10辆以下的企业(户)	1178	458	626

图3-3 2016年我国客运企业车辆规模构成情况

与2015年相比，拥有道路客运车辆数在100辆以上、50～99辆和10辆以下的班车客运企业总数有小幅减少，拥有车辆数在10～49辆的班车客运企业总数有所增加。对于旅游客运企业，拥有车辆数在100辆以上、50～99辆、10～49辆以及10辆以下的旅游客运企业总数均有所增长。对于包车客运企业，拥有车辆数在100辆以上、50~99辆、10~49辆以及10辆以下的包车客运企业数量有所增加。总体来看，拥有道路客运车辆数在50~99辆的班车客运企业所占比例小幅上升；旅游客运企业中，拥有车辆数10~49辆和10辆以下的企业仍然占据较大比例；对于包车客运企业，拥有车辆数在10辆以下的企业所占比例呈现扩大趋势。

二、地区分布

2016年，我国道路客运经营业户平均每户所拥有的车辆数为20.5辆，同比增长了5.1%，旅客运输市场的运输资源集中度进一步提升。其中北京、天津、辽宁、上海、江苏、浙江、福建、山东、广东、海南、山西、江西、河南、广西、重庆、四川、贵州、西藏、陕西、甘肃、宁夏、新疆22个省（自治区、直辖市）的道路客运经营业户平均拥有的车辆数超过了我国平均水平。2016年我国客运经营业户平均拥有车辆数量情况见图3-4。

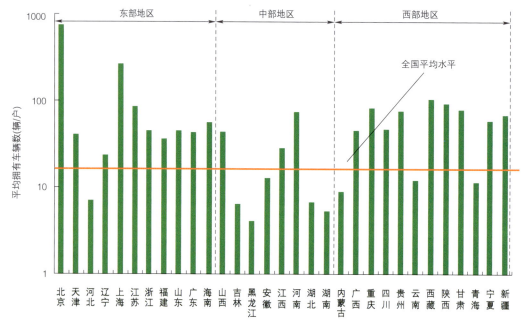

图3-4　2016年我国客运经营业户平均拥有车辆数量情况❶

三、从业人员

截止到2016年，我国共有道路旅客运输从业人员322.4万人，同比减少4.8%。其中客运驾驶员230.7万人，乘务员51.3万人，同比分别下降5.3%和4.1%。东部地区的道路旅客运输从业人员占总数的38.3%，同比减少3.7个百分点；中部地区和西部地区的道路旅客运输从业人员分别占总数的26.2%和35.5%，同比分别增长0.7个和3.0个百分点。2016年我国客运驾驶员和乘务员地区分布情况见表3-3。

---

❶ 东部地区包括：北京、天津、上海、辽宁、河北、山东、江苏、浙江、福建、广东、海南；中部地区包括：山西、吉林、黑龙江、安徽、江西、河南、湖北、湖南；西部地区包括：内蒙古、广西、重庆、四川、贵州、云南、陕西、甘肃、青海、宁夏、西藏、新疆。

2016年我国客运驾驶员和乘务员地区分布情况 表3-3

地区 从业人员类型	东部地区		中部地区		西部地区	
	数量（万人）	比例（%）	数量（万人）	比例（%）	数量（万人）	比例（%）
道路旅客运输从业人员	123.5	38.3	84.6	26.2	114.4	35.5
客运驾驶员	104.7	45.4	51.5	22.3	74.5	32.3

第三节 客运车辆

2016年，我国营运客车84.0万辆，同比增加0.1%；客位数为2140.3万个，同比减少0.4%，平均客位数为25.5个/辆，同比减少0.1个/辆。其中，大型客车30.6万辆、客位1332.6万个，同比分别增加0.2%和0.6%，平均客位数为43.6个/辆，同比增加0.2个/辆。我国营运客车车辆数小幅增加，客位数总体呈小幅下降，大型客车平均客位数同比有所增加。

截止到2016年，我国农村道路客运车辆达33.2万辆，同比减少3.8%，客位数共计644.2万个，同比减少15.3万个，降幅为2.7%。2016年我国农村道路客运车辆类型构成情况见表3-4。

2016年我国农村道路客运车辆类型构成情况 表3-4

按等级分	高级		中级		普通	
	车辆数（辆）	客位数（个）	车辆数（辆）	客位数（个）	车辆数（辆）	客位数（个）
	12877	390433	122510	2741593	196960	3309587
按车长分	大型及以上		中型		小型	
	车辆数（辆）	客位数（个）	车辆数（辆）	客位数（个）	车辆数（辆）	客位数（个）
	22085	944967	134030	3266234	176232	2230402

从地区分布来看，东部地区有农村客运车辆6.6万辆，同比减少7.0%；中部地区有11.3万辆，同比减少3.4%；西部地区有15.3万辆，同比减少3.2%。东部地区的客位数为175.9万个，车辆平均客位数为26.7个/辆，同比增加了0.7个客位，增幅为2.7%；中部地区的客位数为223.5万个，车辆平均客位数为19.8个/辆，同比增加了0.3个客位，增幅为1.5%；西部地区的客位数为244.7万个，车辆平均客位数为16.0个/辆，同比增加了0.3个客位，增幅为1.9%。农村客运车辆客位总数主要分布在中部和西部地区，平均客位数东部高于中部，中部高于西部。2016年我国农村客运车辆的地区分布情况见表3-5。

2016年我国农村客运车辆地区分布情况 表3-5

地区 指标	东部地区	中部地区	西部地区
车辆数（万辆）	6.6	11.3	15.3
客位数（万个）	175.9	223.5	244.7
平均每车客位数（个/辆）	26.7	19.8	16.0

我国农村客运车辆数列前 10 位的省（自治区、直辖市）是：云南（28807 辆）、湖南（28469 辆）、四川（26739 辆）、新疆（22690 辆）、湖北（21370 辆）、河南（21189 辆）、贵州（18120 辆）、安徽（14601 辆）、广西（13581 辆）、江苏（12501 辆）。

第四节 班车客运

一、客运班线开通情况

2016 年，我国班车客运呈现全面下滑态势。截止到 2016 年，我国共开通客运班线 17.8 万条，同比减少 1.7%；年平均日发班次 154.8 万次，与 2015 年相比减少 10.0 万次，减少 6.1%。跨省线路 17172 条，同比减少 4.8%，年平均日发班次 54630 次，同比减少 7.5%；跨地（市）线路 36475 条，同比减少 3.9%，年平均日发班次 182497 次，同比减少 7.3%；跨县线路 34439 条，同比减少 2.9%，年平均日发班次 301700 次，同比减少 3.5%；县内线路 89555 条，同比减少 1.0%，年平均日发班次 1009255 次，同比减少 6.5%。2012—2016 年道路客运班线开通及班车发车密度情况见表 3-6。

2012—2016年道路客运班线开通及班车发车密度情况　　　　表3-6

班线开通情况		2012 年	2013 年	2014 年	2015 年	2016 年
总计	线路（万条）	17.7	17.9	18.1	18.1	17.8
	年平均日发班次（万次/日）	176.4	169.8	170.9	164.8	154.8
跨省	线路（万条）	1.8	1.8	1.8	1.8	1.7
	年平均日发班次（万次/日）	5.9	6.0	6.1	5.9	5.5
跨地（市）	线路（万条）	3.7	3.7	3.8	3.7	3.6
	年平均日发班次（万次/日）	18.2	18.7	20.0	19.6	18.2
跨县	线路（万条）	3.5	3.5	3.5	3.5	3.4
	年平均日发班次（万次/日）	34.9	32.9	32.6	31.3	30.2
县内	线路（万条）	8.7	9.0	9.1	9.1	9.0
	年平均日发班次（万次/日）	117.3	112.3	112.1	107.9	100.9

2016 年，我国高速客运线路为 25885 条，同比增加 680 条。其中 400 公里以内的线路为 16546 条，同比增加 7.7%，平均每条线路日发班次 6.2 次；400～800 公里的线路 5719 条，同比减少 4.7%，平均每条线路日发班次 2.4 次；800 公里以上的线路 3620 条，同比减少 5.6%，平均每条线路日发班次 1.8 次。2015 年和 2016 年我国高速客运班线开通情况比较见表 3-7。

2015年和2016年我国高速客运班线开通情况比较　　　　　表3-7

指标 线路长度	班线开通条数（条）		年平均日发班次（次/日）		平均每条线路日发班次（次/日）	
	2015年	2016年	2015年	2016年	2015年	2016年
＜400公里	15366	16546	104295	102795	6.8	6.2
≥400且＜800公里	6004	5719	15142	13901	2.5	2.4
≥800公里	3834	3620	7104	6688	1.9	1.8

二、线路长度

2016年，800公里以上的客运线路5507条，比2015年减少430条；400~800公里的客运线路10541条，比2015年减少797条；400公里以下的客运线路161594条，比2015年减少2342条。2015年和2016年道路客运班线不同线路长度分布比较见图3-5。

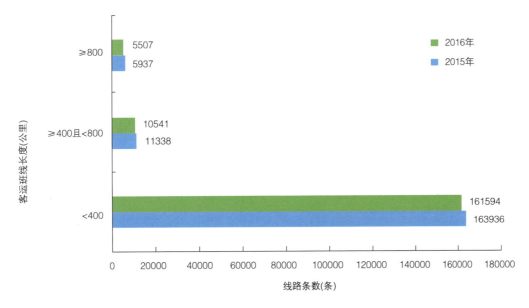

图3-5　2015年和2016年道路客运班线不同线路长度分布比较

三、客运班线地区分布

2016年，班线数量列我国前10位的省（自治区、直辖市）是：湖南（13401条）、广东（13051条）、湖北（11720条）、四川（11450条）、安徽（9683条）、广西（9390条）、河南（9268条）、江苏（9138条）、河北（8340条）、山东（8161条）。这些省份开通的班线数及年平均日发班次数见图3-6。

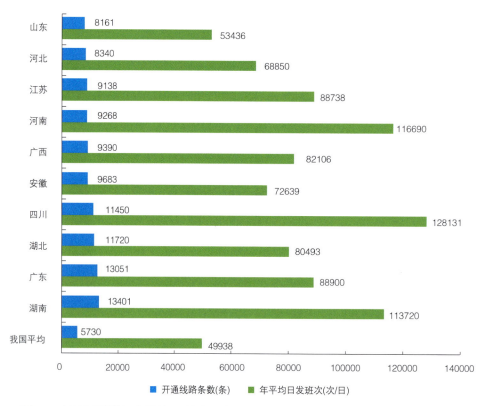

图 3-6 开通班线数列我国前 10 位省（自治区、直辖市）的客运班线及平均日发班次数

2016 年，开通 800 公里以上线路条数列我国前 10 位的省（自治区、直辖市）是：广东（1708 条）、浙江（934 条）、河南（830 条）、上海（733 条）、湖北（670 条）、江苏（669 条）、湖南（645 条）、广西（477 条）、山东（422 条）、安徽（388 条）。以上省（自治区、直辖市）开通的 800 公里以上班线数及年平均日发班次见图 3-7。2016 年全国东、中、西部地区开通班线、跨省班线及高速客运班线发展情况见表 3-8。

2016年我国东、中、西部地区开通班线、跨省班线及高速客运班线发展情况　　　表3-8

序号	东 部 地 区		中 部 地 区		西 部 地 区	
	省（自治区、直辖市）	班线数量（条）	省（自治区、直辖市）	班线数量（条）	省（自治区、直辖市）	班线数量（条）
1	广东	13051	湖南	13401	四川	11450
2	江苏	9138	湖北	11720	广西	9390
3	河北	8340	安徽	9683	贵州	7921
4	山东	8161	河南	9268	云南	6559
5	辽宁	6879	江西	6899	甘肃	5531
序号	东 部 地 区		中 部 地 区		西 部 地 区	
	省（自治区、直辖市）	跨省班线数量（条）	省（自治区、直辖市）	跨省班线数量（条）	省（自治区、直辖市）	跨省班线数量（条）
1	广东	3684	安徽	2255	广西	2004
2	上海	3379	河南	2123	四川	982

续上表

序号	东部地区		中部地区		西部地区	
	省（自治区、直辖市）	跨省班线数量（条）	省（自治区、直辖市）	跨省班线数量（条）	省（自治区、直辖市）	跨省班线数量（条）
3	江苏	3023	湖南	1554	重庆	832
4	浙江	2166	湖北	1313	内蒙古	768
5	河北	1614	江西	1062	贵州	734

序号	东部地区		中部地区		西部地区	
	省（自治区、直辖市）	高速客运班线数量（条）	省（自治区、直辖市）	高速客运班线数量（条）	省（自治区、直辖市）	高速客运班线数量（条）
1	广东	3360	湖北	1703	四川	2326
2	江苏	3284	湖南	1595	贵州	1900
3	上海	3000	安徽	1350	广西	1183
4	山东	2238	河南	1173	重庆	1174
5	福建	1731	江西	704	云南	769

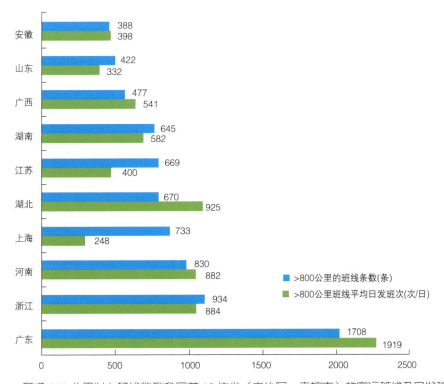

图3-7　开通800公里以上班线数列我国前10位省（自治区、直辖市）的客运班线及日发班次数

第五节　农村客运

一、农村公路及农村客运站建设

2016年，我国农村公路里程395.98万公里，其中县道56.21万公里，乡道114.72万公里，村道

225.05万公里。我国农村客运站总数达到27.5万个，同比增加4.6%。其中东部地区农村客运站总数为11.9万个，同比增加5.3%；中部地区农村客运站总数为10.6万个，同比增加1.9%；西部地区农村客运站总数为5.0万个，同比增加8.7%。2016年我国东、中、西部地区农村客运站数量列前5位的省（自治区、直辖市）情况见表3-9。

2016年我国东、中、西部地区农村客运站数量列前5位的省份　　　　表3-9

序号	东部地区		中部地区		西部地区	
	省（自治区、直辖市）	农村客运站个数（个）	省（自治区、直辖市）	农村客运站个数（个）	省（自治区、直辖市）	农村客运站个数（个）
1	山东	50862	湖北	27668	甘肃	11539
2	河北	36483	湖南	24215	陕西	11323
3	江苏	12498	山西	22570	重庆	8123
4	广东	12322	江西	13666	四川	7557
5	辽宁	2887	河南	10340	云南	4705

2016年，我国农村客运站建设共完成投资14.5亿元，规模较2015年有所下降，同比减少4.6%；其中政府投资8.5亿元，占总投资额的58.7%，同比增加4.7个百分点。2015年和2016年我国农村客运站建设投资情况见表3-10。

2015年和2016年我国农村客运站建设投资情况　　　　表3-10

建设投资情况　　　　　年份	2015年	2016年
当年农村客运站建设投资（亿元）	15.2	14.5
政府投资额（亿元）	8.2	8.5
政府投资比例（%）	54.0	58.6

二、通达情况

1. 农村公路通达情况

截止到2016年，我国通公路的乡（镇）占比达99.99%，与2015年持平；通公路的建制村占比达99.94%，较2015年提高0.07个百分点。其中，通硬化路面的乡（镇）占比达99.00%，通硬化路面的建制村占比达96.69%，分别较2015年提高0.38个和2.24个百分点。2012—2016年我国乡镇和建制村公路通达率情况见图3-8。

图 3-8 2012—2016 年我国乡镇和建制村公路通达率

2. 农村客运班车通达情况

截止到 2016 年，我国共有 3.55 万个乡镇通了客运车辆（包括客运班车和农村公交），乡镇通车率达 99.02%，同比提高 0.01 个百分点；共有 57.8 万个建制村通了客运车辆，建制村通车率达 95.37%，同比提高 1.09 个百分点。2012—2016 年我国乡镇和建制村通客运班车率变化情况见图 3-9。

图 3-9 2012—2016 年我国乡镇和建制村通客运班车率变化情况

2016 年，我国共开通农村客运班线 95352 条，同比减少 0.2%，年平均日发班次 103.9 万次，同比减少 5.8%。我国东部地区开通的农村客运班线数为 2.0 万条，同比减少 4.8%；中部地区开通的农村客运班线数为 3.6 万条，同比减少 2.7%；西部地区农村客运班线数为 3.9 万条，基本与 2015 年持平。2016 年我国东、中、西部地区农村客运班线数量列前 5 位的省（自治区、直辖市）情况见表 3-11。

2016年我国东、中、西部地区农村客运班线数量列前5位的省份　　　　表3-11

序号	东部地区		中部地区		西部地区	
	省（自治区、直辖市）	农村客运班线（条）	年平均日发班（次/日）	省（自治区、直辖市）	农村客运班线（条）	年平均日发班（次/日）	省（自治区、直辖市）	农村客运班线（条）	年平均日发班（次/日）

序号	省（自治区、直辖市）	农村客运班线（条）	年平均日发班（次/日）	省（自治区、直辖市）	农村客运班线（条）	年平均日发班（次/日）	省（自治区、直辖市）	农村客运班线（条）	年平均日发班（次/日）
1	辽宁	4032	27525	湖南	7389	85648	四川	7498	93883
2	河北	3973	44750	湖北	7026	62549	贵州	4792	42878
3	山东	2968	28579	黑龙江	4716	15466	云南	4676	54611
4	浙江	2346	70672	安徽	3983	46295	甘肃	3621	18116
5	江苏	2270	43241	吉林	3901	22901	重庆	3497	33997

第六节　客运站场建设及运营

一、站场建设

2016年，我国道路客运站建设共完成投资145.6亿元，同比增加6.0%。其中政府投资35.8亿元，同比减少29.0%，占总投资额的24.6%，同比降低12.1个百分点。截止到2016年，我国客运站总数达35.2万个，同比增长4.8%；等级客运站20707个，同比减少45个，降幅为0.2%；简易站及招呼站331291个，同比增加16505个，增幅为5.2%。等级客运站中，一级客运站857个，同比增长1.2%；二级客运站1949个，同比减少0.2%；三级客运站1943个，同比减少1.1%；四级客运站5664个，同比减少1.3%；五级客运站10294个，同比增长0.4%。2012—2016年我国等级客运站发展情况见表3-12。

2012—2016年我国等级客运站发展情况（单位：个）　　　　表3-12

年　份	一级客运站	二级客运站	三级客运站	四级客运站
2012年	706	2065	2078	5393
2013年	751	2058	2001	5482
2014年	793	1971	2001	5741
2015年	847	1952	1965	5738
2016年	857	1949	1943	5664

截止到2016年，我国共有1815个二级站配备了安全检测仪，占二级站总数的93.1%，同比增长0.9个百分点；有690个三级站配备了安全检测仪，占三级站总数的35.5%。

二、站场经营

截止到 2016 年，我国共有道路客运站经营业户 2.5 万户，与 2015 年持平。从事客运站经营的人员 33.8 万人，同比减少 0.7 万人，降幅为 2.0%。东、中、西部地区客运站经营业户占全国的比例分别为 20.4%、43.5% 和 34.1%；东、中、西部地区客运站从业人员占全国的比例分别为 33.9%、39.9% 和 26.2%，东部和中部地区客运站从业人员所占比例增加。2016 年道路客运站经营业户及从业人员地区分布见图 3-10。

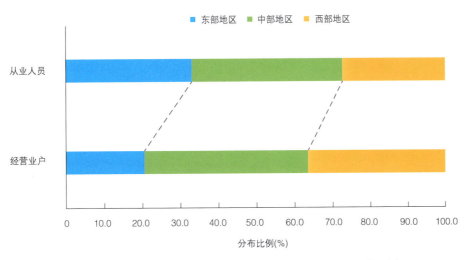

图 3-10　2016 年道路客运站经营业户及从业人员地区分布比例

2016 年，一级站和二级站日均旅客发送量 1416.7 万人次，占全部等级客运站发送量的 71.1%，同比增加 0.8 个百分点。其中，一级客运站年平均日发送旅客 643.6 万人，同比减少 5.0%，占全部客运站年平均日发送旅客的 32.3%，同比增长 0.7 个百分点；年平均日发送班次 35.0 万次，同比减少 4.4%，占全部客运站年平均日发送班次的 24.2%，同比下降 0.3 个百分点。二级客运站年平均日发送旅客 773.1 万人，同比减少 7.1%，占全部客运站年平均日发送旅客的 38.8%，同比基本持平；年平均日发送班次 49.6 万次，同比减少 6.8%，占全部客运站年平均日发送班次的 34.3%，同比下降 1.3 个百分点。2015 年和 2016 年我国客运站平均日旅客发送量及平均日发班次比较情况见表 3-13。

2015年和2016年我国客运站平均日旅客发送量及发班次比较　　表3-13

发送情况 年份 客运站等级	平均日旅客发送量 （万人次）		平均日发班次 （万次）	
	2015 年	2016 年	2015 年	2016 年
一级站	677.8	643.6	36.6	35.0
二级站	832.6	773.1	53.2	49.6
其余站	636.7	575.6	59.6	60.2
总计	2147.1	1992.3	149.4	144.8

第四章 道路货物运输

2016年，受全国经济增长速度变化、经济结构调整和物流需求结构变化等诸多因素影响，道路货运需求依然旺盛，与国民经济增长速度和结构变化特征相符合，道路货物运输仍为经济社会发展提供了有力支撑。

第一节 运量变化

一、道路货运量及货物周转量

2016年，全社会完成道路货运量334.1亿吨、货物周转量61080.1亿吨公里，同比分别增长6.1%和5.4%。2012—2016年我国道路货运量及货物周转量变化情况见图4-1。

图4-1 2012—2016年我国道路货运量及货物周转量变化情况

二、道路货运在综合运输体系中的作用

道路货运依然在综合运输体系中发挥着主体作用。2016年，全社会道路运输完成货运量在综合运输总量中所占比例为77.5%，同比增长了0.7个百分点；全社会道路运输完成货物周转量在综合运输总量中所占比例为33.5%，同比增长了0.8个百分点。2012—2016年道路运输完成的货运量和货物周转量在综合运输总量中所占比例见图4-2和图4-3。

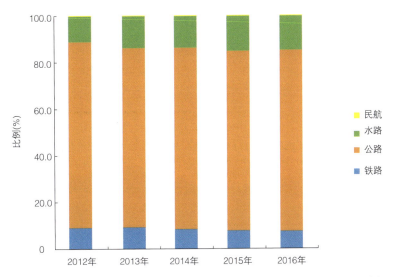

图 4-2　2012—2016 年道路运输完成货运量在综合运输总量中所占比例

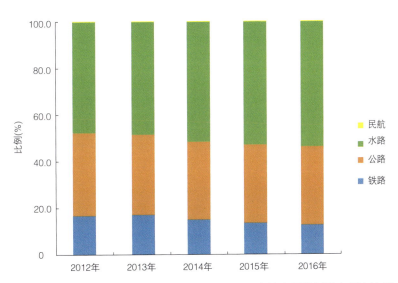

图 4-3　2012—2016 年道路运输完成货物周转量在综合运输总量中所占比例

第二节　市场主体

一、经营业户及规模

道路货物运输业户数持续下降。2016 年，我国从事道路货物运输的经营业户为 679.1 万户，同比减少了 39.1 万户，降幅为 5.4%。其中，企业 57.8 万户，同比减少 1.4 万户；个体运输户 621.3 万户，同比减少 37.7 万户，主体结构进一步呈现经营业户规范化、专业化和规模化的发展趋势。根据道路运输经营许可证所界定的经营范围划分，截止到 2016 年，共有普通货物运输经营业户 665.0 万户，同比减少 3.7%；

货物专业运输经营业户 7.7 万户（其中集装箱运输经营业户 22917 户，同比增长 11.5%），同比增长 8.1%；大型物件运输经营业户 13000 户，同比增长 14.0%；危险货物运输经营业户 10714 户，同比增长 3.1%。2016 年我国道路货物运输经营业户构成见表 4-1。

2016 年我国道路货物运输经营业户构成　　　　　　　　　表 4-1

类　型	合计	货运企业	个体运输户	个体运输户比例（%）
普通货物运输（万户）	665.0	55.2	609.8	91.7
货物专用运输（万户）	7.7	4.0	3.6	47.5
集装箱运输（户）	22917	20013	2904	12.7
大型物件运输（户）	13000	5219	7781	59.9
危险货物运输（户）	10714	10714	0	0

2016 年，在我国货运企业中，有 85.5% 的货运企业拥有车辆数不足 10 辆，同比下降了 1.0 个百分点，表明运输企业的规模化程度有所增加；其中包括 87.4% 的普通货物运输企业、62.5% 的货物专用运输企业、56.3% 的集装箱运输企业、68.8% 的大型物件运输企业和 29.0% 的危险货物运输企业。2016 年我国道路货运企业（不含普通货物运输企业）车辆规模构成见图 4-4。

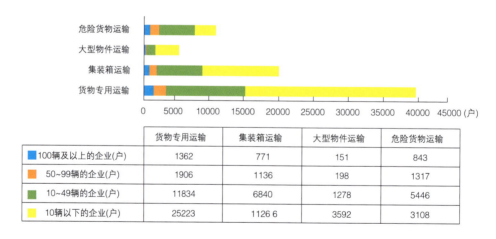

图 4-4　2016 年我国道路货运企业（不含普通货物运输企业）车辆规模构成

2016 年，我国拥有车辆数在 10 辆及以上的普通货物运输企业和危险货物运输企业所占同类企业总数的比例均有所增加，同比分别增长 0.9 个百分点和 0.7 个百分点；拥有车辆数在 10 辆及以上的货物专用运输企业、集装箱运输企业和大型物件运输企业所占同类企业总数的比例同比分别下降 1.5、1.4 和 1.2 个百分点。此外，拥有车辆数在 50 辆及以上的普通货物运输企业和危险货物运输企业所占同类企业总数的比例均有所增加，同比分别增长 0.3 和 1.9 个百分点；拥有车辆数在 50 辆及以上的货物专用运输企业、集装箱运输企业和大型物件运输企业所占同类企业总数的比例同比分别下降 0.3、0.1 和 0.6 个百分点。2015 年和 2016 年我国拥有车辆数在 10 辆及以上的道路货运企业数量见图 4-5。

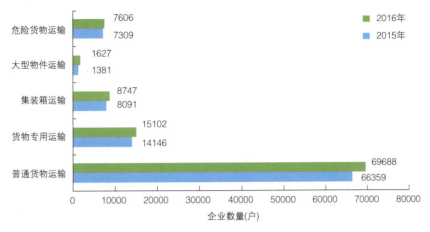

图 4-5　2015 年和 2016 年我国拥有车辆数在 10 辆及以上的道路货运企业数量

二、地区分布

2016 年，我国道路货运经营业户平均每户拥有的货车数量为 1.99 辆，同比增加 3.1%。16 个省（自治区、直辖市）平均每户拥有的车辆数超过全国平均水平，分别为北京、天津、河北、辽宁、上海、江苏、浙江、福建、山东、山西、安徽、江西、河南、重庆、甘肃和新疆，分别占东部、中部和西部各地区营运货车总数的 87.0%、91.9% 和 23.9%。2016 年我国道路货运经营业户平均拥有车辆数量情况见图 4-6。

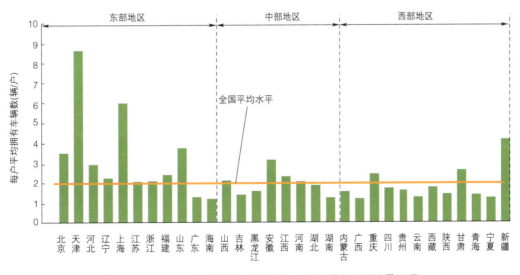

图 4-6　2016 年我国道路货运经营业户平均拥有车辆数量情况

此外，各类道路货运经营业户数量的地区分布与国家经济发展梯度分布有着较强的关联性，总体上集中分布于东部地区。2015 年和 2016 年我国道路货运经营业户地区分布见表 4-2。

2015年和2016年我国道路货运经营业户地区分布　　　　　　　　　　　　　　　　表4-2

地区 经营业户类型		东部地区		中部地区		西部地区	
		2015年	2016年	2015年	2016年	2015年	2016年
道路货物运输经营业户数（万户）		258.3	242.9	229.2	208.3	230.7	227.9
其中	普通货物运输（万户）	254.3	239.1	208.7	200.7	227.3	225.1
	货物专用运输（户）	55393	60749	9196	9823	6380	6170
	集装箱运输（户）	19078	21295	757	842	723	780
	大型物件运输（户）	9477	10822	1116	1189	806	989
	危险货物运输（户）	5821	5772	2285	2370	2447	2572

三、从业人员

截止到2016年，我国共有道路货物运输从业人员2107.4万人，同比减少1.5%，其中驾驶员1898.2万人，同比减少1.3%（包括危险货物运输驾驶员72.0万人，同比增长1.0%）；危险货物运输押运员70.0万人，同比增长12.1%；危险货物运输装卸管理员7.0万人，同比下降0.9%。

东部地区货物运输从业人员占从业人员总数的44.0%，同比增长了0.6个百分点；中部地区道路货物运输从业人员占从业人员总数的31.0%，同比下降了0.2个百分点；西部地区道路货物运输从业人员占从业人员总数的25.0%，同比下降了0.5个百分点。2016年我国道路货物运输从业人员地区分布情况见表4-3。

2016年我国道路货物运输从业人员地区分布情况　　　　　　　　　　　　　　　　表4-3

地区 从业人员类型		东部地区		中部地区		西部地区	
		数量（万人）	在我国占比（%）	数量（万人）	在我国占比（%）	数量（万人）	在我国占比（%）
道路货物运输从业人员		927.2	44.0	654.1	31.0	526.2	25.0
	道路货运驾驶员	815.4	43.0	586.1	30.9	496.7	26.2
	危险货物运输驾驶员	41.4	57.5	16.4	22.7	14.2	19.8
	危险货物运输押运员	45.5	65.0	13.8	19.8	10.7	15.2
	危险货物运输装卸管理员	3.4	48.7	2.0	28.4	1.6	22.9

第三节 货运车辆

2016年我国营运货车总计1351.8万辆，同比减少2.7%。按照车体结构，一体货车总计993.6万辆，占总量的73.5%，吨位总量5371.5万吨，占总量的49.6%；甩挂车辆358.2万辆，占总量的26.5%，吨位总计5455.3万吨，占总量的50.4%。具体构成见图4-7。

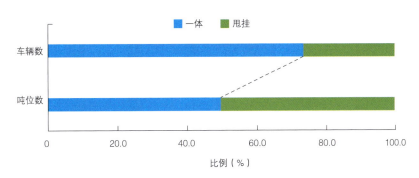

图4-7　2016年一体和甩挂营运货车数量及吨位结构

按照车辆用途分，我国有普通货车946.0万辆，同比减少6.5%，占总载货车辆数的70.0%；专用货车47.6万辆，同比减少1.7%，占总数的3.5%。2016年全国营运货车按车辆用途划分构成情况见表4-4。

2016年我国营运货车按车辆用途分构成情况　　　　　　　　表4-4

分类 数量	普通货车	专用货车	甩挂车辆		
			集装箱车	牵引车	挂车
车辆数（万辆）	946.0	47.6	2.1	174.2	184.0
吨位数	4843.8万吨	527.6万吨	3.2万TEU	—	5455.3万吨

第四节 普通货物运输

2016年，我国从事普通货物运输的经营业户达665.0万户，同比减少3.7%，其中个体运输户占总数的91.7%，同比减少0.1个百分点；企业有55.2万户，同比下降1.5万户，占总数的8.3%，同比增加0.1个百分点。

2016年，我国普通货车数及吨位数分别为946.0万辆和4843.8万吨，普通货车数同比减少6.5%，吨位数同比减少2.8%。2012—2016年我国普通货车数及吨位变化情况见图4-8。

图 4-8　2012—2016 年我国普通货车数及吨位数变化情况

第五节　危险货物运输

一、业户及车辆情况

2016 年，我国从事危险货物道路运输的业户为 10928 户，同比增加 2.2%。其中经营性危险货物道路运输业户 10714 户，同比增加 318 户，增长 3.1%，占危险货物道路运输总业户的比例为 98.0%，同比增长了 0.8 个百分点；非经营性危险货物道路运输经营业户 214 户，同比减少 85 户。2012—2016 年我国危险货物道路运输业户及车辆发展情况见图 4-9。

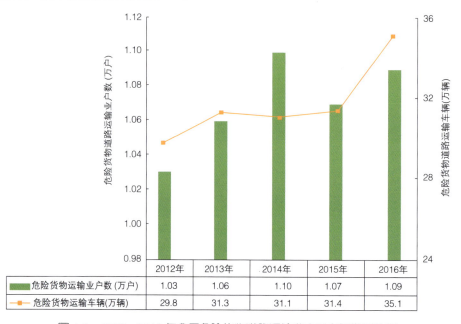

图 4-9　2012—2016 年我国危险货物道路运输业户及车辆发展情况

按照《危险货物分类与品名编号》(GB 6944—2012)的分类,2016年我国危险货物道路运输业户经营范围分布见表4-5。

2016年我国危险货物道路运输业户经营范围分布情况　　　　　　　　　表4-5

运 输 物 质	业户数（户）	占业户总数比例（%）
第1类　爆炸品	1499	13.7
第2类　气体	6081	55.6
第3类　易燃液体	7056	64.6
第4类　易燃固体、易于自燃的物质、遇水放出易燃气体的物质	2075	19.0
第5类　氧化性物质和有机过氧化物	1693	15.6
第6类　毒性物质和感染性物质	1947	18.2
第7类　放射性物质	153	1.4
第8类　腐蚀性物质	3471	33.0
第9类　杂项危险物质和物品	1235	11.9
剧毒化学品	561	5.4

截止到2016年,我国危险货物运输车辆(包含危险货物道路运输挂车)达35.1万辆,同比增加11.8%,平均每经营业户拥有车辆32.1辆,同比增长2.8辆；吨位总计633.2万吨,同比增长21.4%,平均每户载重吨位为579.5吨,同比增长18.8%。

在危险货物道路运输企业中,拥有车辆数在100辆及以上的占7.9%,同比增长1.3个百分点；拥有车辆数在50~99辆的占12.3%,同比增长0.6个百分点；拥有车辆数在10~49辆的占50.8%,同比下降1.2个百分点；拥有车辆数在10辆以下的占29.0%,同比下降0.7个百分点；个体运输户已完全退出危险货物道路运输市场。

2016年,我国安装卫星定位车载终端系统的危险货物运输车辆有16.7万辆,占危险货物运输车辆总数(不包含道路危险货物运输挂车)的比例达到83.4%,同比下降7.5个百分点,见图4-10。

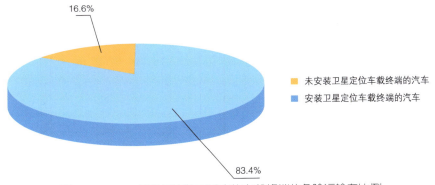

图4-10　2016年我国安装卫星定位车载终端的危险运输车比例

二、地区分布

2016年,危险货物道路运输运能主要集中在东部地区,东部危险货物道路运输业户数、车辆数及吨位数占全国的比例依次为53.7%、49.4%和55.3%。2016年，危险货物道路运输业户数、车辆数及吨位数在我国东、中、西部地区分布的情况见图4-11。

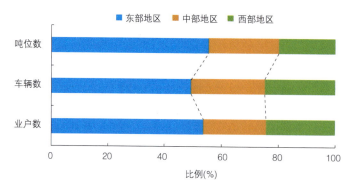

图4-11 2016年我国危险货物道路运输业户数、车辆数及吨位数地区分布情况

我国危险货物道路运输车辆总计吨位列前10位的省（自治区、直辖市）见图4-12，山东省危险货物道路运输车辆总吨位数达到101.9万吨，排名第一位。

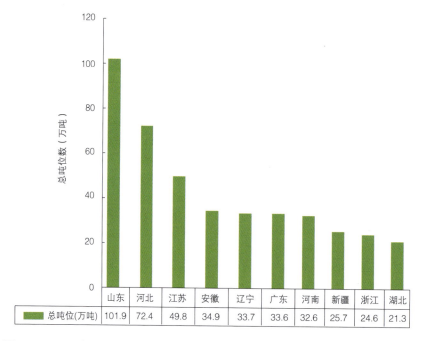

图4-12 2016年我国危险货物道路运输车总计吨位前10位省（自治区、直辖市）

第六节 集装箱运输

一、业户及车辆情况

2016年，我国有道路集装箱运输经营业户22917户，同比增加2359户，增长11.5%；其中道路集装箱运输企业20013户，同比增加11.5%，占比为87.3%，同比持平。2012—2016年我国道路集装箱运输经

营业户发展情况见图 4-13。

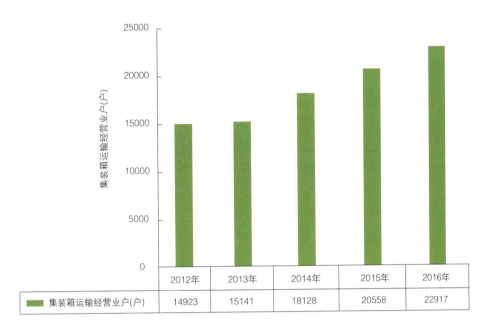

图 4-13　2012—2016 年我国道路集装箱运输经营业户发展情况

二、地区分布

2016 年，我国东部地区道路集装箱运输车辆和其标箱（TEU）数分别占全国总数的 66.5% 和 65.4%，东部地区依然处于领先地位，中西部地区与东部地区的差距逐年缩小。2016 年我国道路集装箱运输车总计标箱（TEU）数列前 10 位的省（自治区、直辖市）见图 4-14。

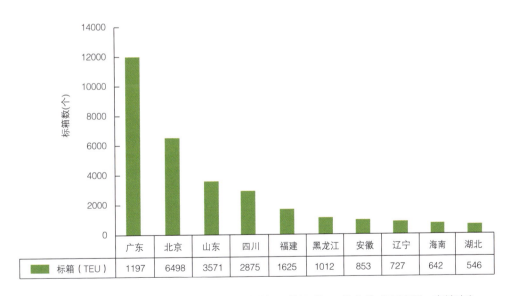

图 4-14　2016 年我国道路集装箱运输车总计标箱数列前 10 位的省（自治区、直辖市）

第七节 货运场站建设及运营

一、站场建设

2016年，我国汽车货运站建设共完成投资181.3亿元，同比增加了48.9%，其中政府投资20.2亿元，占投资总额的11.1%。截止到2016年，我国共有汽车货运站场2778个，同比减少150个。其中一级货运站271个，同比增加19个；二级货运站236个，同比减少24个；三级货运站415个，同比减少108个；四级货运站1856个，同比减少37个。2012—2016年我国货运站数量等级变化情况见图4-15。

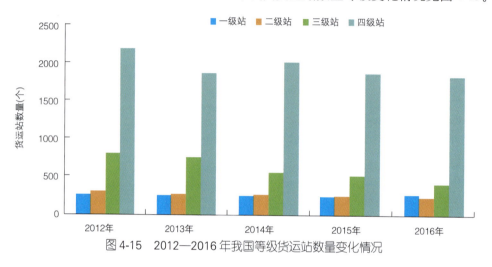

图4-15　2012—2016年我国等级货运站数量变化情况

2016年，东部地区有1847个等级货运站，同比减少37个，占我国等级货运站总数的66.5%，同比增加2.2个百分点，其中一级站181个，占我国一级站总数的66.8%，同比减少2.6个百分点；中部地区有488个等级货运站，占我国等级货运站总数的17.6%，同比增加0.5个百分点，其中一级站42个，占我国一级站总数的15.5%，同比减少1.2个百分点；西部地区有443个等级货运站，占我国等级货运站总数的15.9%，同比减少2.6个百分点，其中一级站48个，占我国一级站总数的17.7%，同比增加4.6个百分点。中西部地区货运站场的建设情况较2015年发展明显，东部地区仍好于中、西部地区。2016年我国不同等级货运站地区分布情况见图4-16。

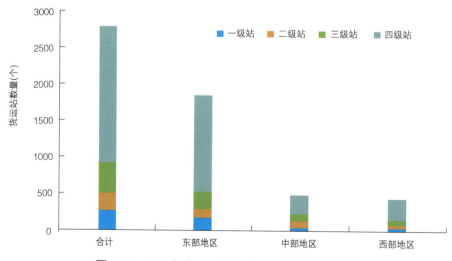

图4-16　2016年我国不同等级货运站地区分布情况

二、站场经营

2016年，我国共有道路货运站经营业户2778户，同比减少5.1%，货运站场从业人员7.9万人，同比减少6.0%。货运站经营业户及从业人员主要分布在东部地区。2016年我国道路货运站经营业户及从业人员地区分布情况见表4-6。

2016年我国道路货运站经营业户及从业人员地区分布情况　　表4-6

分布地区	业户数（户）	比例（%）	从业人员（人）	比例（%）
东部地区	1847	66.5	53264	67.7
中部地区	488	17.6	13509	17.2
西部地区	443	15.9	11852	15.1
合计	2778	100	78625	100

2016年，我国汽车货运站完成了大量的普通货运配载、快速专线货运、零担运输组织及集装箱拆拼箱业务，平均日换算货物吞吐量达349万吨，其中一级站完成113万吨，占总量的32.4%。

第八节　货运相关服务

2016年，道路货运相关服务经营业户共计70954户，比2015年减少5.7%。货运代办依然是道路货运经营业户提供的主营服务，所占比例为45.6%，比2015年增加了1.1个百分点。2012—2016年我国主要道路货运相关服务经营业户发展情况见表4-7。

2012—2016年我国道路货运相关服务经营业户发展情况（单位：户）　　表4-7

年　份	物流服务	货运代办	信息配载
2012年	18145	34498	23246
2013年	19513	33024	23900
2014年	20218	34424	26137
2015年	19622	33500	22121
2016年	18811	32363	19780

东部地区物流服务、货运代办和信息配载经营业户比例为全国最高，分别达到42.4%、65.0%和46.6%，同比分别降低2.7个百分点、增加0.5个百分点和降低0.2个百分点。2016年各地道路货运相关服务经营业户分布情况见表4-8。

2016年各地道路货运相关服务经营业户分布情况 表4-8

地区 \ 数量	物流服务（户）	比例（%）	货运代办（户）	比例（%）	信息配载（户）	比例（%）
东部地区	7975	42.4	21035	65.0	9210	46.6
中部地区	6027	32.0	6703	20.7	7283	36.8
西部地区	4809	25.6	4625	14.3	3287	16.6
合计	18811	100.0	32363	100.0	19780	100.0

第五章　机动车维修与检测及驾驶员培训

2016年，我国汽车保有量继续保持高速增长势头，民用汽车保有量15447万辆，同比增长12.4%，其中私人汽车保有量12584万辆，同比增长15.5%。伴随着机动车保有量的快速增长，人民群众对机动车维修与检测、驾驶员培训等服务品质的要求也越来越高。道路运输行业继续深化维修和驾培服务改革，不断提升人民群众的获得感。

第一节　机动车维修与检测

一、机动车维修

1. 机动车维修完成情况

2016年，我国机动车维修行业共完成维修量33720.0万辆次，同比下降了2.0%，连续两年保持下滑态势。2012—2016年我国机动车维修业务量及增长率变化情况见图5-1。

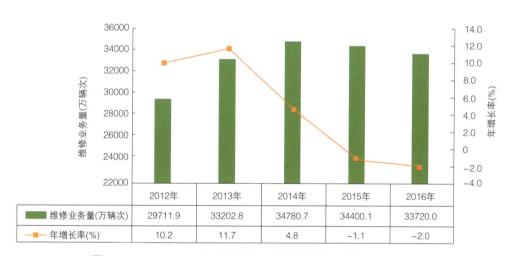

图5-1　2012—2016年我国机动车维修业务量及增长率变化情况

从完成的业务类型看，专项修理依然是主要维修业务，全年完成维修量24567.6万辆次，占全部维修量的72.9%，比2015年提高1.4个百分点；二级维护量降幅明显，为3975.3万辆次，同比下降16.1%。其他业务均基本保持稳定，总成修理913.1万辆次，同比增长1.6%；整车修理474.2万辆次，同比增长1.6%；维修救援454.1万辆次，同比下降0.3%。2015—2016年我国机动车维修业务完成量对比情况见图5-2。

2. 机动车维修经营业户

（1）经营业户规模及构成。截止到2016年，我国共有机动车维修经营业户44.6万户，继续保持下降态势，同比减少1.3万户，降幅为2.8%。其中，三类汽车维修经营业户仍然是我国机动车维修业的主体，占比达67.3%，比2015年增加0.6个百分点；摩托车维修经营业户数量则继续下降，降幅为14.1%。2012—2016年我国机动车维修经营业户发展情况见表5-1。

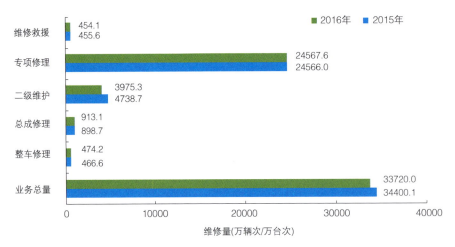

图 5-2　2015—2016 年我国机动车维修业务完成情况比较

2012—2016年我国汽车、摩托车维修经营业户发展情况　　　　表5-1

指标 \ 年份		2012 年	2013 年	2014 年	2015 年	2016 年
机动车维修经营业户数（万户）		44.1	44.7	46.2	45.9	44.6
维修经营业户分类	一类汽车维修经营业户（万户）	1.3	1.4	1.4	1.5	1.5
	二类汽车维修经营业户（万户）	6.4	6.8	7.1	7.2	7.3
	三类汽车维修经营业户（万户）	28.2	29.2	30.6	30.6	30.0
	摩托车维修经营业户（万户）	7.7	7.2	6.7	6.4	5.5

2016 年，我国机动车维修行业的结构基本稳定。一类汽车维修经营业户维持在 1.5 万户；二类汽车维修经营业户比 2015 年略微增加 1.4%，达 7.3 万户；三类汽车维修经营业户比 2015 年下降了 2.0%。2016 年，平均每户机动车维修经营业户完成维修量达 762.3 辆次，同比增加 2.9%。2012—2016 年我国平均每户机动车维修经营业户完成情况见表 5-2。

2012—2016年我国平均每户机动车维修经营业户完成情况　　　　表5-2

年份	维修经营业户数（万户）	维修量 [亿辆（台）次]	平均每户维修量 [辆（台）次/户]
2012 年	44.1	3.0	680.3
2013 年	44.7	3.3	737.8
2014 年	46.2	3.5	751.4
2015 年	45.9	3.4	740.7
2016 年	44.6	3.4	762.3

（2）地区分布。从地区分布来看，2016 年我国机动车维修经营业户依然主要集中在东部地区，占比达 40.2%，同比增加 0.4 个百分点；其次是西部地区和中部地区，占比分别为 35.7% 和 24.0%。

不同类型的机动车维修经营业户的地区分布呈现不同的特点：一类维修经营业户主要集中在东部地

区，占比为48.6%；二类维修经营业户在东、中、西部地区的数量分别占全国总数的47.2%、24.4%和28.3%；三类维修经营业户的分布相对均匀，东、中、西部地区的数量分别占全国总数的38.1%、23.2%和38.7%。2016年我国不同类型机动车维修经营业户地区分布情况见表5-3。

2016年我国不同类型机动车维修业户地区分布情况 表5-3

地区 类别	东部地区		中部地区		西部地区	
	业户数（户）	比例（%）	业户数（户）	比例（%）	业户数（户）	比例（%）
一类	7336	48.6	4447	29.5	3305	21.9
二类	34498	47.2	17843	24.4	20696	28.3
三类	114210	38.1	70926	23.7	114590	38.2
合计	156044	40.2	93216	24.0	138591	35.7

3. 机动车维修行业管理

（1）政策及标准。2016年，交通运输部颁布了《道路运输车辆技术管理规定》（交通运输部令2016年第1号），对于道路运输车辆准入、使用、维修、检测、监管各个环节，制定了一整套新的管理措施，厘清了车辆技术管理职责，重新划分了道路运输车辆技术等级，调整了客车、危货运输车综合性能检测和技术等级评定周期和频次，强化了市场准入和事中事后监管，对于强化道路运输车辆技术管理、保持车辆技术状况良好、保障道路运输业健康可持续发展将发挥重要作用。《道路运输车辆技术管理规定》自2016年3月1日起施行。根据《交通运输部关于修改〈机动车维修管理规定〉的决定》（交通运输部令2016年第37号），《机动车维修管理规定》进行了第二次修正，并于2016年4月19日起施行。

为完善汽车维修数据采集技术方案及数据共享机制，交通运输部办公厅印发了《关于开展汽车电子健康档案系统建设试点工作的通知》（交办运函〔2016〕207号），决定在江苏、湖北、浙江等地开展汽车维修电子健康档案系统建设试点工作。试点工作从2016年3月至12月，分启动、实施、总结三个阶段，重点围绕"建设区域汽车维修电子健康档案系统平台、探索建立高效数据上传机制、验证和完善系统建设相关标准、完善汽车维修电子健康档案服务平台的功能设计、探索区域平台的建设和运营方式"等五个任务，"短、平、快"地进行系统建设方案、标准体系和系统软件的验证和完善，为在全国范围内推广应用汽车维修电子健康档案系统奠定基础。

汽车维修技术信息公开工作稳步推进。2016年完成了全国450多家汽车生产企业、近600个汽车品牌、近3万个车型备案工作，基本实现了汽车品牌和车型的全覆盖。

（2）地方开展的工作。2016年，机动车维修行业积极贯彻落实《机动车维修管理规定》《道路运输车辆技术管理规定》等规章要求，开展了各类试点工作，积极探索机动车维修新模式、新经验。

上海市、甘肃省在"3·15"期间组织开展"汽车维修质量服务月"活动，以加强机动车维修行业诚信体系建设，逐步构建"修车放心、消费舒心"的维修市场环境。上海市2016年汽车维修行业共收到12319、12345热线投诉897件，按投诉涉及的主要内容分类有：规范服务投诉316件、收费问题投诉141件、维修质量投诉440件，分别占到总投诉量的35.2%、15.7%、49%。为了进一步提高汽车维修行业的服务质量，上海市组织开展"3·15汽车维修质量服务月"活动，旨在提高本市汽车维修行业维修服务质量，弘扬诚实守信、合法经营的行业风气，满足市场和社会需求。活动开展十年以来，得到了汽车维修企业的积极响应和广泛参与。甘肃省引导维修企业走上街头，深入居民社区，设立咨询服务点，宣贯国家相关规定及标准，对维修质量保证、维修合同签订、故障纠纷处理等消费者关心的问题予以解答。同时开展免费洗车、免费诊断、技术讲座、客户回访等多种多样的便民惠民服务，科普汽车日常使用、维护常识、安全行车知识等。

湖北省、杭州市等地正式启动汽车维修电子健康档案系统建设试点工作。湖北的试点工作将从2016年4月至12月在10个市州进行，通过两套区域平台系统同时运行，共同为全国汽车维修电子健康档案系统采集和提供数据。每个试点市州选定4~10家一、二类维修企业开展试点工作。杭州市发布汽车维修电子健康档案APP，在全国率先为杭州市广大车主提供"一车一档"的汽车维修电子健康档案服务。

> **专栏5-1 杭州率先推出汽车健康档案APP**
>
> 近年来，汽车维修行业已经成为影响广大人民群众汽车生活质量的重要民生服务行业，但仍存在着信息不透明、服务质量不高、美誉度低等问题。2016年3月，交通运输部办公厅发布了《关于开展汽车电子健康档案系统建设试点工作的通知》，杭州市作为唯一市级试点城市，启动了汽车电子健康档案系统试点建设工作。截至2016年年底，共收集维修数据信息85万余条，为65万余辆汽车建立了汽车电子健康档案。期间，开发了汽车电子健康档案服务平台、微信公众服务平台，方便车主查询。为进一步满足车主多元化服务需求，方便车主便捷高效使用该系统，市车管局又正式推出了汽车健康档案APP，在全国率先实现"一车一档"的汽车维修档案查询、维修服务评价与信息反馈等功能。
>
> ——资料来源：交通运输部网站

二、汽车综合性能检测

2016年，我国共有汽车综合性能检测站2768个，同比增长9.1%；完成检测总量2608.5万辆次，同比下降20.2%。汽车综合性能检测站在车辆维修竣工检测、维修质量监督检测量两方面的检测次数与2015年相比大幅下降，降幅分别为37.6%和30.9%，等级评定检测降幅为2.7%，其他检测、排放检测比2015年分别增长7.3%和11.7%，质量仲裁检测与2015年保持持平。2012—2016年我国汽车综合性能检测完成情况见表5-4。

2012—2016年我国汽车综合性能检测完成情况 表5-4

年份	检测站（个）	检测总量（万辆次）					
		合计	维修竣工检测	维修质量监督检测	等级评定检测	其他检测	
						质量仲裁检测	排放检测
2012年	2080	2891.4	1541.3	1036.0	75.3	283.0	180.8	0.9
2013年	2180	3114.1	1658.3	1082.6	79.4	329.5	216.6	1.3
2014年	2330	3287.7	1794.2	1116.1	77.8	316.9	221.1	1.2
2015年	2524	3267.0	1767.1	1074.0	75.4	367.7	253.7	1.5
2016年	2768	2608.5	1102.9	1045.4	52.1	394.5	283.3	1.5

截止到2016年，我国东部地区的汽车综合性能检测站数量和检测完成量分别占全国总量的33.6%和42.8%，检测站数量和检测完成量占比继续有所下降。东、中、西部地区汽车综合性能检测站数量最多的省份依然是河北省、黑龙江省和新疆维吾尔自治区。2016年我国东、中、西部地区汽车综合性能检测站数量及检测总量分布情况见表5-5。

2016年我国汽车综合性能检测站相关情况地区分布情况　　　　表5-5

项目	东部地区		中部地区		西部地区	
	检测站数量（个）	检测完成量（万辆次）	检测站数量（个）	检测完成量（万辆次）	检测站数量（个）	检测完成量（万辆次）
总计	930	1115.3	852	839.8	986	653.4
比例（%）	33.6	42.8	30.8	32.2	35.6	25.0

各地区列前5位的省（自治区、直辖市）

序号	省（自治区、直辖市）	检测站数量（个）	省（自治区、直辖市）	检测站数量（个）	省（自治区、直辖市）	检测站数量（个）
1	河北	226	黑龙江	140	新疆	177
2	山东	159	山西	130	四川	165
3	广东	136	湖南	128	贵州	138
4	江苏	99	河南	108	云南	109
5	辽宁	81	吉林	96	广西	99

第二节　机动车驾驶员培训

一、机动车驾驶员培训业务发展

2016年，我国共完成机动车驾驶员培训2686.6万人次，同比增加2.3%；其中培训合格的达2257.8万人次，同比增加1.5%，合格率为84.0%，同比下降了0.8个百分点。度过新交规实施的适应期后，机动车驾驶员培训人数有一定程度的上升，但是合格率出现一定的回落。完成道路运输从业资格培训254.6万人次，同比减少6.6万人。2012—2016年我国机动车驾驶员培训完成情况见图5-3。

截止到2016年，我国残疾人驾驶员培训业户为305户，同比增加1户；培训合格残疾人驾驶员6304人次，同比增加22.0%。

图 5-3　2012—2016 年我国机动车驾驶员培训完成情况

二、市场构成

1. 培训机构

（1）规模及类型。2016年，我国共有机动车驾驶员培训业户16512户，同比增加1404户，增幅为9.3%。2012—2016年我国机动车驾驶员培训机构数量及增长率见图5-4。

图 5-4　2012—2016 年我国机动车驾驶员培训机构数量及增长率

从类型来看，普通机动车驾驶员培训业户，从以前的以二级类型为主转变为以三级类型为主，三级类型比例为52.2%；三级普通机动车驾驶员培训业户继续保持高速增长，增长率达19.0%，一级和二级普通机动车驾驶员培训业户呈现增长趋势,增幅为1.4%和0.5%。2012—2016年我国机动车驾驶员培训业户类型及数量变化情况见表5-6。

2012—2016年我国机动车驾驶员培训业户类型及数量变化情况(单位:户)　　表5-6

类型			2012年	2013年	2014年	2015年	2016年
机动车驾驶员培训业户		总计	11557	12556	13783	15108	16512
其中	普通机动车驾驶员培训	合计	11403	12408	13631	14912	16325
		一级	1585	1796	2044	1908	1934
		二级	5480	5913	6249	5842	5870
		三级	4338	4699	5338	7162	8521
	道路运输驾驶员从业资格培训	合计	2046	2100	2120	2093	2014
		客货运输	1951	2010	2032	2008	1926
		危险货物运输	398	402	380	419	448
	机动车驾驶员培训教练场经营		404	461	525	531	807
	残疾人驾驶员培训		271	279	309	304	305

2016年,机动车驾驶员培训行业规模化经营继续深入推进,我国机动车驾驶员培训机构户均拥有教学车辆为44辆,同比减少1辆。其中有13个省(自治区、直辖市)户均拥有的教学车辆数超过全国平均水平❶。2016年,我国驾驶员培训机构户均拥有教学车辆数情况见图5-5。

图5-5　2016年我国驾驶员培训机构户均拥有车辆数量情况

(2)地区分布。与2015年相比,2016年我国机动车驾驶员培训经营业户的分布更加均衡,东部地区培训机构所占比例为35.1%,同比下降0.8个百分点;中部地区培训机构所占比例为34.8%,同比增加0.4

---
❶北京、天津数据空缺。

个百分点。其中，一级普通机动车驾驶员培训机构在东部地区集中的趋势更加明显，比例达 50.0%。2016 年我国不同类型的机动车驾驶员培训机构业户数的具体分布情况见表 5-7。2016 年东、中、西部地区培训机构数量列前 5 位的省（自治区、直辖市）见表 5-8。

2016年我国东、中、西部地区机动车驾驶员培训机构分布具体情况　　　　表5-7

类型			东部地区		中部地区		西部地区	
			数量（户）	比例（%）	数量（户）	比例（%）	数量（户）	比例（%）
培训机构			5788	35.1	5745	34.8	4979	30.2
其中	合计		5698	34.9	5714	35.0	4913	30.1
	普通机动车驾驶员培训	一级	967	50.0	420	21.7	547	28.3
		二级	2125	36.2	1779	30.3	1966	33.5
		三级	2606	30.6	3515	41.3	2400	28.2
	道路运输驾驶员从业资格培训		538	26.7	776	38.5	700	34.8
	机动车驾驶员培训教练场经营		238	29.5	171	21.2	398	49.3
	残疾人驾驶员培训		89	29.2	88	28.9	128	42.0

2016年我国东、中、西部地区培训机构数量列前5位的省（自治区、直辖市）　　　　表5-8

	东部地区			中部地区			西部地区		
序号	省（自治区、直辖市）	培训机构（户）	培训人次（万人次）	省（自治区、直辖市）	培训机构（户）	培训人次（万人次）	省（自治区、直辖市）	培训机构（户）	培训人次（万人次）
1	河北	1002	130.0	河南	1670	158.7	内蒙古	637	51.9
2	江苏	908	229.6	湖南	947	116.9	新疆	607	43.3
3	广东	903	242.0	湖北	656	146.8	四川	595	161.0
4	浙江	834	165.0	江西	630	91.1	广西	587	88.5
5	山东	722	190.0	吉林	549	50.6	云南	549	81.4

2. 从业人员

2016 年，我国共有机动车驾驶教练员 87.1 万人，同比增长 13.0%，继续保持高速增长势头。其中，理论教练员、驾驶操作教练员分别为 8.2 万人、79.1 万人，分别同比增长了 7.4%、5.6%；危险货物运输驾驶员培训教练员人数为 2002 人，比 2015 年增长 24.3%，道路客货运输驾驶员从业资格培训教练员人数为 10126 人，比 2015 年下降 0.3%。我国东、中、西部地区机动车驾驶员培训从业人员分布情况见表 5-9。

2016年我国东、中、西部地区机动车驾驶员培训从业人员分布情况　　　　　表5-9

地　　区		东部地区		中部地区		西部地区	
从业人员类型		数量	比例（%）	数量	比例（%）	数量	比例（%）
教练员（万人）		39.8	45.7	22.3	25.6	25.0	28.7
其中	理论教练员（万人）	2.4	38.5	1.7	26.6	2.2	34.9
	驾驶操作教练员（万人）	36.8	46.5	20.1	25.4	22.2	28.0
	道路客货运输驾驶员从业资格培训教练员（人）	2771	27.4	3521	34.8	3834	37.9
	危险货物运输驾驶员从业资格培训教练员（人）	397	19.8	770	39.5	835	41.7

3. 教学车辆及装备

2016年，我国拥有机动车驾驶员培训教学车辆72.7万辆，同比增长7.0%。从设备的构成来看，仍然以小型汽车为主，所占的比例为91.6%。其中，大型客车4556辆，同比减少4.6%；通用货车半挂车（牵引车）3880辆，同比增加13.1%；城市公交车1362辆，同比增加6.8%；中型客车1912辆，同比增加2辆；大型货车3.7万辆，同比减少15.0%；小型汽车66.6万辆，同比增加8.9%；低速汽车2239辆，同比减少8.9%；摩托车7241辆，同比减少3.0%；残疾人教学车辆1097辆，同比减少2.3%。2016年，我国继续加大机动车驾驶模拟器推广应用，共有机动车驾驶模拟器97995台，同比增加13.9%。

三、机动车驾驶员培训管理

1. 政策及标准

为贯彻落实《国务院办公厅转发公安部交通运输部关于推进机动车驾驶人培训考试制度改革意见的通知》（国办发〔2015〕88号），交通运输部会同公安部下发了《关于做好机动车驾驶人培训考试制度改革工作的通知》（公交管〔2016〕50号），对机动车驾驶人培训考试制度改革相关工作进行安排部署。同时，根据《中华人民共和国道路交通安全法》及其实施条例、《中华人民共和国道路运输条例》《机动车交通事故责任强制保险条例》，公安部、交通运输部、中国保险监督管理委员会下发了《关于机动车驾驶证自学直考试点的公告》，决定在天津、包头、长春等16个市（州）试点小型汽车、小型自动挡汽车驾驶证自学直考，允许申请小型汽车、小型自动挡汽车驾驶证的人员，使用加装安全辅助装置的自备机动车，在具备安全驾驶经历等条件的人员随车指导下，按照公安机关交通管理部门指定的路线、时间学习驾驶技能，直接申请驾驶证考试。《关于机动车驾驶证自学直考试点的公告》对驾驶证自学直考的车型、练车地点、时间等进行了明确限定，自2016年4月1日起施行。

交通运输部组织对机动车驾驶员计时培训系统技术规范进行了修订，并发布了《机动车驾驶员计时培训系统管理平台技术规范》和《机动车驾驶员计时培训系统终端技术规范》（交通运输部公告2016年第17号），进一步规范了机动车驾驶员计时培训系统建设技术要求，并下发了《交通运输部办公厅关于贯彻实施〈机动车驾驶员计时培训系统平台技术规范〉和〈机动车驾驶员计时培训系统计时终端技术规范〉的通知》。交通运输部　公安部联合印发了新的《机动车驾驶培训教学与考试大纲》，并于2016年10月1日起施行。为创新机动车驾驶培训服务方式，推行计时培训计时收费、先培训后付费的服务模式，根据《中华人民共和国合同法》《中华人民共和国道路交通安全法》《中华人民共和国道路运输条例》

等有关规定，交通运输部、工商总局制定了《机动车驾驶培训先学后付、计时收费模式服务合同（示范文本）》（GF—2016—2002），自 2016 年 10 月 1 日起实施。

2．地方典型经验

2016 年，各地积极全面推行"计时培训、按学时收费、先培训后付费"驾培服务模式改革，实行"计时培训、按学时收费、先培训后付费"服务模式的驾培机构总数 10242 家，覆盖率达 63.5%，优质驾培服务供给不断增加。

浙江省 90% 驾校推出"先培后付"模式，并在全国首创驾驶培训学员评价试点，学员以淘宝点评模式对驾驶培训质量进行评价。天津市启动驾驶培训监管服务平台建设，推进行业监管与企业运营计时系统分离，有效杜绝了学时造假。四川省所有机动车驾驶员培训机构共计 548 所，全部安装使用了计时培训系统，其中已推行计时培训、按学时收费的有 527 所，提供"计时培训、按学时收费、先培训后付费"模式的有 416 所；全省机动车驾驶员培训机构服务模式改革覆盖率达 75.9%，21 个市（州）已按要求全部完成目标任务；阿坝州、自贡市、资阳市机动车驾驶员培训机构服务模式改革覆盖率达 100%，德阳市、巴中市、遂宁市、攀枝花市、南充市机动车驾驶员培训机构服务模式改革覆盖率达 80%。

专栏 5-2　成都市上线运行机动车驾驶员培训公众服务平台

满足公众及学员对驾校培训服务质量、培训模式日益增长的需求，提供更好的服务，成都市交通委员会开发建设了成都市机动车驾驶员培训公众服务平台，并于 2016 年 9 月 28 日正式上线运行。该平台设置具有网上选择驾校、网上选择教练、网上报名、网上投诉、网上评价、学员情况查询等功能。社会公众可通过平台提供的丰富信息选择驾校和教练，在网上完成报名信息填报，通过平台进行投诉，以及对教练员教学情况、驾校服务情况做出评价，查询自己的报名、培训进度和投诉、评价情况。另外，学员还可通过驾校网站、APP 等预约渠道，自主选择训练时间、训练科目、教练员、车型、训练场等，实现一车一教、计时收费。

——资料来源：交通运输部网站

第六章　国际道路运输

2016年，国际道路运输发展紧密围绕服务国家对外工作大局，积极贯彻落实"一带一路"倡议，加快构建交通运输领域全方位对外开放新格局，不断加强与周边国家的双边和多边道路运输合作，取得了丰硕成果。

第一节　国际道路运输量及线路

一、国际道路运输量

2016年，我国与周边国家共完成国际道路客运量727.8万人次，同比增加2.1%，旅客周转量约4.99亿人公里，同比增加6.2%；完成国际道路货物运输量4677.2万吨，同比增加约24.8%，货物周转量26.3亿吨公里，同比增加约6.5%。2012—2016年我国国际道路客货运输量及中方所占比例情况见图6-1和图6-2。

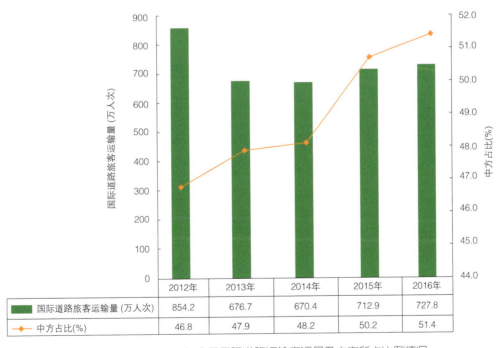

图6-1　2012—2016年我国国际道路运输客运量及中方所占比例情况

2016年，参与国际道路运输的省份有内蒙古、辽宁、吉林、黑龙江、广西、云南、西藏和新疆。中方共完成客运量374.3万人次，完成客运量前3位的是云南（147.0万人次）、内蒙古（128.0万人次）、黑龙江（38.3万人次）；中方共完成货运量1280.0万吨，同比增加2.1%，完成货运量前3位的是云南（400.0万吨）、内蒙古（395.8万吨）、新疆（132.2万吨）。内蒙古的国际道路货运量相比2015年有很大程度地增长，而新疆和云南的国际道路货运量相比2015年有所减少。

2016年，内地与港澳之间完成道路客运量约1319.0万人次，同比减少6.0%；旅客周转量32.4亿人公里，同比减少7.4%。与港澳之间完成道路货物运输量15238.1万吨，同比增长2.8%；货物周转量239.2亿吨公里，同比增长2.9%。

图6-2　2012—2016年我国国际道路运输货运量及中方所占比例情况

二、双边及多边国际道路运输区域分布

从车辆出入境次数来看，2016年我国与东北亚（包括俄罗斯、蒙古国、朝鲜）的出入境客运车辆约13.8万辆次，同比增加33.9%；货运车辆约75.6万辆次，同比增加6.9%。与中亚（包括哈萨克斯坦、吉尔吉斯斯坦和塔吉克斯坦）的出入境客运车辆为2.3万辆次，同比增加9.5%；货运车辆为17.3万辆次，同比减少10.0%。与东南亚及南亚（包括越南、巴基斯坦、老挝、缅甸和尼泊尔）的出入境客运车辆为64.5万辆次，同比减少10.4%；货运车辆为69.8万辆次，同比减少3.7%。2015—2016年我国国际道路运输客运、货运车辆出入境分布情况分别见图6-3、图6-4。

图6-3　2015—2016年我国国际道路运输客运车辆出入境分布对比情况（单位：万辆次）

图6-4 2015—2016年我国国际道路运输货运车辆出入境分布对比情况（单位：万辆次）

客运方面，2016年我国与东北亚国家的客运联系较2015年有所增加，完成客运量423.5万人次，同比增长12.0%，在周边区域的客运量中占比达到58.2%，同比增加5.1个百分点；与东南亚及南亚国家的客运量257.6万人次，同比下降10.9%；与中亚国家的客运量46.7万人次，同比增加2.9%。

货运方面，2016年我国与东北亚国家的货运联系有所增加，2016年完成国际道路运输货运量3566.8万吨，货物周转量14.98亿吨公里，同比分别增加34.8%和16.2%。与东北亚国家联系的货运量在周边区域的货运量中占比达72.3%。2016年我国与周边国家双边国际道路客货运量分布情况见表6-1。

2016年我国与周边国家双边国际道路客货运量分布 表6-1

区域	客运量（万人次）	比例（%）	旅客周转量（万人公里）	比例（%）	货运量（万吨）	比例（%）	货物周转量（万吨公里）	比例（%）
东北亚	423.5	58.2	14895.7	29.9	3566.8	76.3	149807.8	57.0
中亚	46.7	6.4	13202.2	26.5	200.8	4.3	71176.6	27.1
东南亚及南亚	257.6	35.4	21786.2	43.7	909.7	19.4	41782.3	15.9
合计	727.8	—	49884.1	—	4677.3	—	262766.7	—

第二节 国际道路运输服务能力

一、国际道路运输经营业户及车辆结构

1. 经营业户

截止到2016年，我国从事国际道路运输的业户为1438户，与2015年相比有所增加。其中，广东和新疆从事国际道路运输的企业数量分列第1和第2位，分别为1093户和105户。我国拥有车辆数在100辆以上的国际道路运输业户有64户，占全部业户总数的4.5%；拥有车辆数在50～99辆的国际道路运输业户有57户，约占全部国际道路运输业户总数的4.0%；拥有车辆数在10～49辆的国际道路运输业户有854户，占总数的59.4%；拥有车辆数在10辆以下的国际道路运输业户有463户，占总数的32.2%。

分区域来看,云南是全国拥有100辆以上运输车辆的国际道路运输业户数最多的省份,共有22个;其次为新疆和广东,分别为16个和9个。2016年国际道路运输经营业户拥有车辆规模情况见表6-2。

2016年国际道路运输经营业户拥有车辆规模情况 表6-2

业户类型		合计	根据车辆规模分组				
			100辆及以上的企业	50~99辆的企业	10~49辆的企业	5~9辆的企业	5辆以下的企业
国际道路运输经营业户(个)		1438	64	57	854	170	293
比例(%)		—	4.5	4.0	59.4	11.8	20.4
其中	国际道路客运经营业户(个)	250	15	8	98	48	81
	比例(%)	—	6.0	3.2	39.2	19.2	32.4
	国际道路货运经营业户(个)	1258	62	54	772	131	239
	比例(%)	—	4.9	4.3	61.4	10.4	19.0

2. 车辆结构

截止到2016年,我国共有从事国际道路运输的车辆27338辆,其中客车1016辆,共计38538个客位;货车26322辆,共计415632吨位。2016年国际道路客货运输车辆情况见表6-3。

2016年国际道路客货运输车辆情况 表6-3

类型		高级	比例(%)	中级	比例(%)	普通	比例(%)	总计	比例(%)
客运	车辆数(辆)	771	75.9	165	16.2	80	7.9	1016	100
	客位数(位)	30774	79.9	5007	13.0	2757	7.2	38538	100
类型		大型	比例(%)	中型	比例(%)	小型	比例(%)	总计	比例(%)
货运	车辆数(辆)	23193	88.1	1238	4.7	1891	7.2	26322	100
	吨位数(吨)	411012	98.9	3785	0.9	835	0.2	415632	100

二、行车许可证使用情况

国际道路运输行车许可证是国际道路运输车辆出入境的通行证。2016年,我国使用的国际道路运输行车许可证中,A种行车许可证使用量为850张,同比减少约25.0%;B类行车许可证使用量为112153张,同比减少约8.4%;C种行车许可证使用量为420318张,同比增加7.6%。2012—2016年我国国际道路运输行车许可证使用情况见表6-4。

2012—2016年我国国际道路运输行车许可证使用情况[1]（单位：张）　　表6-4

年　份	2012年	2013年	2014年	2015年	2016年
A种许可证使用量	1368	1164	1158	1134	850
B种许可证使用量	88616	51538	90152	122473	112153
C种许可证使用量	430721	362481	384683	390515	420318

2016年我国A种行车许可证使用量最多的省份是新疆、黑龙江和内蒙古，分别为576张、123张和78张；B种行车许可证使用量最多的省份是云南、内蒙古和黑龙江，分别为99330张、7278张和3215张；C种行车许可证最多的省份是云南和新疆，分别为200653张和87190张。

---

[1] A种行车许可证可适用于定期旅客运输，可一年多次出入境，往返有效；
B种行车许可证适用于不定期旅客运输，一次往返有效；
C种行车许可证适用于货物运输，一次往返有效。

专题篇

SPECIFIC TOPICS

第七章 综合运输发展服务

我国综合交通运输体系建设正稳步进入基础设施"大建设"与综合运输"大服务"并重的发展新阶段，服务需求加速升级，服务模式加速创新，运输结构加速调整，市场资源加速整合，综合运输服务发展前景广阔。

第一节 综合运输服务"十三五"规划印发实施

2016年7月，交通运输部印发了《综合运输服务"十三五"发展规划》，明确了一系列综合运输服务发展的指标，提出着力构建普惠均等、便捷高效、智能智慧、安全可靠、绿色低碳的综合运输服务体系。

一、主要发展目标

《综合运输服务"十三五"发展规划》提出，到"十三五"末，具备条件的建制村通客车比例将达到100%，重点快递企业省会及重点城市间快件72小时投递率达到90%，重点区域内城市间交通一卡通互联互通率达到100%，城区常住人口300万以上城市建成区公共交通机动化出行分担率达到60%，铁路、道路、船舶、民航出行将更加安全便捷。

二、重点任务

《综合运输服务"十三五"发展规划》提出了普惠均等、便捷高效、智慧智能、安全可靠、绿色低碳等5大类、共45项具体指标，同时提出了：建设统一开放的综合运输市场体系；提升综合运输通道服务效能；提升综合运输枢纽服务品质；构建便捷舒适的旅客运输系统；构建集约高效的货运物流体系；发展先进适用的运输装备技术；发展开放共赢的国际运输；加强运输从业人员职业化建设；加强运输安全保障能力建设；推动"互联网+"与运输服务融合发展；推动运输服务与相关产业联动发展等11个方面、共45项重点任务。为加快推动重点工作任务落地，《综合运输服务"十三五"发展规划》列出了快件上车上船上飞机、综合运输服务示范城市、公交都市、货物多式联运、公路甩挂运输、城乡交通一体化、货运车型标准化、国际道路运输便利化、一卡通互联互通、汽车维修信息公开与电子健康档案、"互联网+"运输服务、12328服务畅通共12项专项行动和推进工程。

> **专栏7-1 全力推进运输服务治理体系和治理能力现代化建设**
>
> 2016年4月10日，以运输服务行业治理体系和治理能力现代化建设为主题的2016年全国运输服务厅局长研讨班在福州开班。
>
> 时任交通运输部党组成员、运输服务司司长刘小明作主题讲话，要求紧紧围绕"一个目标"，即发挥市场配置资源的决定性作用，强化事中事后监管，全面提高运输行业治理能力和治理水平；坚持"两个驱动"，即坚持改革驱动、坚持创新驱动；构建"三个体系"，即构建法律法规和标准规范体系、构建完善运输政策体系、构建管理体制机制体系；实现"四个转变"，即目标重点、发展方式、管理理念、管理手段的转变。

会议要求加快推进运输服务供给侧结构性改革，加强法规标准建设，加快推进行业安全监管体系建设，加快推进运输信息化建设，切实加强行业队伍建设，充分发挥行业协会作用，打造综合运输服务升级版。

——资料来源：交通运输部网站

第二节 综合运输服务示范城市建设深入推进

一、综合运输服务示范城市建设有序推进

2016年，按照部级统筹、城市创建、上下联动的原则，交通运输部深入推进第一批16个综合运输服务示范城市建设。有关城市交通运输主管部门在城市人民政府领导下，重点围绕综合客运枢纽、城市货运集疏运中心、运输服务信息共享、综合运输组织模式、综合运输服务工作机制、综合运输服务标准共6项重点任务，按照实施方案，加快推进综合交通运输体系建设，综合运输服务能力和水平不断提升。2016年10月，交通运输部在山东省济南市组织召开全国综合运输服务示范城市工作研讨会，总结交流综合运输服务示范城市建设经验，分析查找突出问题，安排部署下阶段工作，有序推进综合运输服务示范城市建设不断取得新进展新成效。

在行业的共同努力下，综合运输服务示范城市建设工作取得阶段性成效：16个示范城市共完成新建改造综合客运枢纽项目20个、综合货运枢纽（物流园区）30个，启动新建综合货运枢纽建设项目70余个；16个示范城市绿色出行分担率（含公交、自行车、步行）平均为75.1%，主要公交线路高峰时间平均旅行速度16.4公里/小时，旅客出行服务满意度达80.4%。

专栏7-2 临沂市围绕"五化一体"推进综合运输服务示范城市建设

为加快推进综合运输服务示范城市建设，临沂市制定《关于加快综合运输服务示范城市建设的实施方案》，计划在"十三五"期间，投资1394.76亿元，建设实施包括鲁南高铁、京沪高速扩容改造在内的72项交通重点项目，具体目标包括：一是实现综合运输通道"立体化"；二是实现综合客运枢纽"一体化"；三是实现货物集疏运中心"网络化"，建设4大货物集疏运中心；四是实现综合运输服务"智能化"，围绕"互联网+"战略，建设3大信息服务平台；五是实现运输组织模式"多样化"，深入推进货运班列多式联运、甩挂运输、同城配送O2O业务、交通一卡通等服务，推动多种运输组织模式的高效融合和降本提速。

——资料来源：交通运输部网站

> **专栏 7-3　南京市出台《南京市综合运输服务示范城市建设 2016 年行动计划》**
>
> 　　2016年4月，南京市出台了《南京市综合运输服务示范城市建设 2016 年行动计划》（以下简称《行动计划》），根据《行动计划》，南京市综合运输服务示范城市的发展目标为：实现客运换乘便捷、货运集散高效、服务信息共享，促进各种运输方式统筹协调发展，为全国综合运输服务发展先行探索。力争 2016 年年底前，公共交通机动化出行分担率达到 61%，公共交通站点 500 米覆盖率达到 95%，轨道交通服务覆盖人口比例达 46%，社会物流总费用与 GDP 的比率下降至 15%，南京都市圈公交一卡通覆盖率达 50%，清洁能源及新能源公交车占比达 70%。
>
> 　　《行动计划》围绕创建综合运输服务示范城市目标，提出了积极推进综合客运枢纽、城市货运集疏运中心、运输服务信息共享、综合运输组织模式、综合运输服务工作机制、综合运输服务标准共 6 项重点任务，并着力打造一批重点项目。
>
> ——资料来源：南京市人民政府网站

二、综合运输服务示范城市动态管理

为贯彻落实《交通运输部关于开展综合运输服务示范城市建设的通知》（交运发〔2014〕254号）以及《交通运输部关于公布第一批综合运输服务示范城市的通知》（交运发〔2015〕120号）安排部署，加强综合运输服务示范城市建设动态管理，保障综合运输服务示范城市建设工作有序有力推进，2016年交通运输部办公厅印发《关于加强综合运输服务示范城市建设动态管理工作的通知》（交办运〔2016〕102号）（以下简称《通知》），要求各综合运输服务示范城市以加快构建综合交通运输体系、建设人民满意交通为导向，以摸清底数、总结经验、明晰问题、推动发展为目标，系统了解综合运输服务示范城市建设进展情况，客观评估建设成效，查找分析突出问题，适时总结经验做法，加快落实各项工作任务，推进"十三五"期综合运输服务示范城市建设不断取得新进展新成效。

围绕京津冀、上海、广州、深圳等16个综合运输服务示范城市（城市群）建设实施方案的执行情况，《通知》提出将实时跟踪和重点关注城市人民政府在示范城市建设中的主体作用发挥以及支持投入等工作机制运行情况；城市综合客运枢纽建设、枢纽内换乘设施建设等旅客接续换乘情况；货运枢纽（物流园区）建设与运行、城市配送服务保障等物流集疏运情况；涵盖多种运输方式的公众出行综合信息服务等信息资源共享情况；空铁联运、空巴联运、城市候机楼等组织模式优化情况；12328交通运输服务监督电话系统建设与运行等社会公众评议情况，以及综合运输服务示范城市建设实施方案既定目标的执行情况等。

《通知》明确，动态管理工作将贯穿综合运输服务示范城市建设全过程，每年8月31日前，城市全面自查；每年9月20日前，省级交通运输主管部门对本辖区内的示范城市全面集中督导；每年10月中下旬，交通运输部组织专家重点抽查；示范城市之间适时组织开展结对子、联学互促活动。各有关地区要加强组织领导，务实有序推进，密切协同联动，加快成果转化，保障综合运输服务示范城市建设工作有力有序推进。

同时，交通运输部制定了《综合运输服务示范城市建设评价指标体系》，围绕基础设施、客运服务、城市配送、交通信息化、交通管理等方面设定了10个量化指标，并细化了每项指标的定义和测算方式，进一步明确了示范城市建设目标和发展导向。

第三节　综合运输服务行业标准陆续出台

为推进综合交通运输标准化发展，2015年8月交通运输部组织成立了综合交通运输标准化技术委员会（简称综合交通运输标委会）。综合交通运输标委会研究制定了《综合交通运输标准化技术委员会2015年—2017年标准制修订计划》（以下简称《修订计划》）。根据《修订计划》，2015年到2016年部科技司共组织开展了19项标准的制修订工作。2016年结合部多式联运全产业链大调研工作，综合交通运输标委会研究制订了多式联运标准工作计划，着力加强和指导未来多式联运领域标准的制修订工作。同时，综合交通运输标委会积极参与《交通运输服务标准体系》《交通运输标准化体系》和《交通运输安全应急体系》编制工作。2016年，综合运输标委会共发布综合运输服务相关标准11项。

2016年9月，《综合客运枢纽术语》（JT/T 1065—2016）、《综合客运枢纽换乘区域设施设备配置要求》（JT/T 1066—2016）、《综合客运枢纽通用要求》（JT/T 1067—2016）三项综合客运枢纽标准正式发布，填补了综合客运枢纽标准的空白，为综合客运枢纽的规划建设提供有效支撑。

> **专栏7-4　《综合客运枢纽通用要求》：为枢纽设计、建设提供重要指导**
>
> 标准规定了综合客运枢纽的总体要求、换乘设施设备、交通组织及引导、信息化、安全与应急要求，可为综合客运枢纽规划布局提供参考依据，并为后续相关标准规范提供编制依据与准则。总体要求涵盖了综合客运枢纽站址选择、设计原则、设计界面、换乘距离等方面的要求；换乘设施设备涵盖了换乘广场、换乘大厅、换乘通道等基础设施及与之相配套的楼梯、自动步道、自动扶梯、电梯等辅助设施以及综合信息查询设备、手推车、换乘通道隔离栏等设备的要求；交通组织及引导涵盖了综合客运枢纽交通组织原则、外部交通组织、内部交通组织、交通引导四个方面对交通组织及引导等方面的要求；信息化涵盖了统筹对各种交通运输方式的数据进行分析，实现联动协作、重要调度信息发布、突发事件时对相关管理部门的信息报送等方面的要求；安全与应急要求涵盖了安全应急指挥协调管理机构设置、安全应急预案设置、安全应急平台设置等方面的要求，并对综合客运枢纽换乘区域安全设施配备、防火分区划分等方面进行了规定。
>
> ——资料来源：中国交通报

> **专栏7-5　《综合客运枢纽换乘区域设施设备配置要求》：提高旅客换乘效率**
>
> 标准详细阐述了综合客运枢纽中旅客换乘区域内的设施设备配置的要求。旨在破解部分综合客运枢纽布局衔接不够紧密、土地利用不够集约、设施设备配置不全、换乘服务功能不足、旅客中转换乘不便，未能有效发挥综合客运枢纽促进综合运输发展作用的问题。该标准首先明确了换乘区域设施设备构成，换乘区域设施包括换乘设施和服务设施，换乘区域设备包括旅客服务设备、安全应急设备和辅助设备；然后提出换乘区域设施配置要求，包括设施选择、规模确定、电梯设定、无障碍配置等一般要求，换乘设施和服务设施在功能和规模方面的配置要求；最后提出换乘区域设备配置要求，包括导向标志、换乘查询、自助售票等旅客服务设备，防恐防爆、视频监控、安全消防等安全应急设备，自动售货机、ATM机等辅助设备在功能实现方面的配置要求。
>
> ——资料来源：中国交通报

专栏 7-6 《综合客运枢纽术语》：为规范管理提供基础术语

标准首先对综合客运枢纽的定义进行了界定和规范，解决目前对综合客运枢纽的认识不统一的问题。此外，该标准对换乘相关术语、换乘所需的指引和导向等要素进行了界定，明确了换乘的类型分为平面换乘和立体换乘，对换乘区域、换乘广场、换乘大厅、换乘通道等换乘场所空间要素进行了界定，并对换乘所需的公共信息导向系统、导向要素、导向标志、平面示意图、信息板、应急导向系统等指引和导向要素进行了明确，最后对换乘量、换乘距离和换乘时间等反映综合客运枢纽换乘客流量大小和不同运输方式换乘距离和时间长短的要素进行了界定。

——资料来源：中国交通报

第四节 重大节日和活动运输保障圆满完成

一、重大节日出行保障总体平稳

2016年春运期间，全国交通运输系统3000多万干部职工奋战在春运服务一线。全国运力较为充足，运输组织平稳有序，运输通道基本畅通，应急运输保障有力，安全行驶总体稳定。据统计，春运期间全国旅客发送量达到29.15亿人次，比上年同期增长3.8%，其中道路完成24.95亿人次、增长3.0%。春运期间，道路投入大中型营运客车76万辆、平均日发班次250万班、近2200万客位；各地共安排对接火车站和机场道路中短途客运车辆9.6万辆、公共汽电车20余万辆、出租汽车近30万辆，有效提升了旅客"最先和最后一公里"出行效率。

同时，交通运输部与国家发展改革委共同开展春运大数据分析和"邀您共同话春运"第三方调查评估活动，深入了解旅客服务需求和建议意见。春运期间，"邀您共同话春运"问卷点击量突破610万人次，同比增长20%，覆盖全国340余个城市，日均采集定位请求数据720亿次，检测舆情信息200多万条。从调查结果看，近71%的旅客对今年春运工作表示较为满意或较往年有所改善，比上年提高2个百分点。

专栏 7-7 全国各地深入开展"情满旅途"主题活动，提升春运服务水平

春运期间，南京市六大汽车客运站与南京火车站、高铁南站互设售票窗口；增设微信售票支付专窗；首次实现各站之间的车票通售通退，方便旅客及时购票、退票，六个汽车站还准备了2400辆班车，实时关注铁路售票动态；深圳火车站专门设置"三语"（普通话、英语、粤语）售票窗口和爱心服务台，为外地、外籍旅客提供咨询、购票、进站等一体化服务；广州、西安、成都、南宁等地组织运输企业为返岗务工人员提供免费车票；武汉、南昌、济南等地为返校学生开通直达专车。

——资料来源：新华网

> **专栏 7-8　加强服务创新，实化便民服务举措**
>
> 　　春运期间，交通运输部联合公安部、国家安监总局、全国总工会和共青团中央等部门，以"亲情服务、温暖春运旅途"为主题，深化开展"情满旅途"活动，努力为广大旅客提供一体化的出行服务、精细化的安全服务、多元化的购票服务、人性化的候乘服务、精准化的信息服务、优质化的路网服务、均等化的惠民服务、亲情化的志愿服务、便民化的热线服务"九化"服务，切实让春运旅途更富人情味、更有温度感。全国涌现出一大批春运服务先进集体和先进个人，5部门联合下发通报进行了表扬。
>
> ——资料来源：中国交通报

　　2016年"十一"黄金周期间，我国道路、水路客运总量超6.62亿人次。其中，道路客运量为6.49亿人次，同比增长1.5%；水路客运量为1320万人次，同比增长7.7%。全国收费公路交通量达到2.84亿辆次，同比增长7.8%。

　　"十一"黄金周期间，全国交通运输运行情况总体有序，道路未出现大规模拥堵，水上安全形势平稳。我国主要中心城市道路客运量平稳增长，与高铁开行线路并行的长途班线客运量下降明显。全国道路出行需求保持旺盛，但路网运行交通流量增幅回落，其中小客车出行量大，占总量的83.9%。全国路网未发生大范围、长时间的严重拥堵现象，车流量与拥堵主要集中在京津冀、长三角、珠三角、成渝地区以及热门景区沿线、部分主要通道路段与大城市周边高速公路网进出境路段。交通运输部门认真部署应急值守工作，制定并严格落实24小时带班、值班制度，为广大人民群众的安全、便捷出行提供有力保障。全国日均投入运营客车近83万辆，平均日发班次278万班，共有3000万从业人员坚守道路运输工作一线提供出行服务。

> **专栏 7-9　切实做好工作　确保节假日运输安全平稳有序**
>
> 　　2016年9月28日交通运输部举行2016年度第五次例行新闻发布会，介绍"十一"黄金周交通运输保障准备情况。交通运输部门本着"早准备、早部署、早安排"的原则，精心组织，周密部署，科学掌握黄金周期间人民群众出行的特点和规律，切实做好运输组织、安全管理等各项工作，确保节假日运输安全、平稳、有序。
>
> 　　第一，全力保障人民群众安全出行。交通运输部对"十一"黄金周的运输安全工作进行了专门部署，要求各级交通运输部门把保障群众安全出行作为重中之重，切实加强安全监管，督促运输企业落实安全生产主体责任，有效防范和坚决遏制重特大交通安全事故发生。一是严禁不符合条件的驾驶员上岗，严禁不符合安全技术条件的车辆上路，严格执行"三不进站、六不出站"规定，严格执行长途客运车辆班车凌晨2点至5点停车休息或接驳运输制度。二是狠抓客渡运安全，以"四类重点船舶"，主要指客船、危险品船、易流态化固体散装货物运输船舶、砂石船这四类为重点，以渡口渡船管理为重中之重，狠抓安全管理工作，保障旅客运输安全。三是加强对路网、航道、危险货物运输及存储等重点领域的实时监测和预警，严格落实领导带班制度和24小时值班制度，加强对极端天气的预警预报，完善运输应急预案和旅客疏散方案。

第二，切实保障人民群众便捷出行。"十一"黄金周期间，全国将投入83万余辆营运客车、约2150万个客位；2万余艘客运船舶、100余万个客位参与道路、水路运输。各地交通运输部门对旅游景区景点等需求旺盛的地区将增加班车、包车、旅游客车运力投入，对运输量较大的水上航线合理安排运力和班次，做好应急运力准备。同时，交通运输部门还将加强对汽车站、火车站、机场、大型活动场所等地的运输保障；加强道路客运、城市公共交通线路班次与铁路、民航线网的衔接协调；提高城乡道路客运服务水平；强化城市公共交通、农村客运的线路优化和运力配置，充分满足人民群众日益增长的城乡交流需求，以及节假日短途城乡旅游和购物休闲需求。

第三，同步做好重点物资运输保障工作。在做好旅客运输工作的同时，交通运输部门还将全力协调做好"十一"黄金周期间的货物运输工作。

——资料来源：中国政府网

二、重大活动交通保障有力有序

2016年，交通运输部门圆满完成特殊时段运输服务安保工作。全国"两会"、杭州G20峰会等重大活动期间，各级交通运输部门会同有关部门制定运输保障工作方案，强化车辆动态监控和客运站源头管理，逐一排查安全隐患，全力服务重大活动平稳、顺利进行，获得党中央、国务院的表彰表扬。

浙江交通运输系统在参与G20峰会保障服务中筹备最早、结束任务最晚、保障对象最多、任务领域最广，主要承担交通基础设施建设、城市综合门户整治、会议运输组织、行业安全维稳和公共交通保障、道路水路管控、交通环境质量保障等六大方面任务。其中，会议运输组织服务是峰会交通保障工作最庞杂、最考验服务能力的部分。交通运输部门通过"官方配备+市场租赁"，共调集峰会保障用车4200余辆，调动培训驾驶员4700余名，运送参会（工作）人员超过6万人次。

杭州G20峰会期间，在北京市交通运输委员会的积极协调下，北汽集团为土耳其、塞内加尔、老挝、哈萨克斯坦、乍得、泰国、西班牙、新加坡、欧洲理事会和欧盟委员会共10个国家及机构代表团提供了交通出行服务。整个会议期间共计出车38次，运送参加峰会的随行人员和工作人员338人次，行李36件，安全行驶1813公里。参会人员和车辆已于峰会结束安全返京，共计赴杭28天，往返里程超过2800公里。

三、大数据保障重大节日交通出行

2016年，交通运输部门依托大数据预判，为交通管理和运行保障提供了科学依据，使工作更具针对性，措施更有效。交通运输部与国家发展改革委共同委托国家智能交通技术工程研究中心，利用百度、携程等互联网平台海量交通出行数据和路网运行大数据，深度融合分析，共同研判节假日期间出行特点，联合发布《2016年春运迁徙规律分析报告》《2016年春运服务体验调查分析报告》等，利用大数据提前研判出行需求，保障社会公众在需求最为旺盛、交通流量最高的重大节假日有序、舒心、平安、智慧出行。

专栏 7-10　交通运输部首次利用大数据引领春运

2016 年，交通运输部首次利用大数据分析旅客出行规律。根据大数据显示，春运 40 天客流总量排名前 10 位的省份分别为广东、江苏、河南、四川、浙江、安徽、湖南、广西、北京和江西；排名前 10 位的城市分别为北京、上海、广州、深圳、成都、郑州、西安、重庆、武汉和东莞；旅客平均出行距离约为 410 公里，其中 500 公里以内的约占 75%。预计春运期间全国旅客发送量将达到 29.1 亿人次、同比增长 3.6%。

为确保春运期间百姓安全有序出行，交通运输部门进一步强化各种运输方式的协同配合，进一步加大运力供给，全力保障旅客春运出行。其中，铁路每天将安排图定旅客列车 3142 对，同比增加 468 对；道路将投入营运客车 84.6 万辆，日发班次将达到 260 万班、2189.5 万个客位；水路将投入船舶 2 万余艘、103 万个客位；民航春运期间将安排航班共计 52 万班次，较上年增长 7%。

——资料来源：交通运输部网站

第八章　多式联运

随着国民经济转型升级、居民消费需求结构性变化以及交通大部制改革的深入，我国的多式联运发展进入了难得的历史机遇期。2016年12月，经国务院同意，交通运输部等十八个部门共同印发了《关于进一步鼓励开展多式联运工作的通知》（交运发〔2016〕232号），为新时期推动多式联运发展提供了政策指南和行动纲领，在行业内外引起广泛共鸣，标志着我国的多式联运已经迈入发展的黄金时期。

第一节　多式联运支持政策不断推出

多式联运是依托两种及以上运输方式有效衔接，提供全程一体化组织的货物运输服务，具有产业链条长、资源利用率高、综合效益好等特点，对推动物流业降本增效和交通运输绿色低碳发展、完善现代综合交通运输体系具有积极意义。党中央、国务院高度重视多式联运发展，《国民经济和社会发展第十三个五年规划纲要》明确指出要"加快发展多式联运"，《物流业发展中长期规划（2014—2020年）》（国发〔2014〕42号）将多式联运列为12大重点工程之首。2016年6月，国务院办公厅印发了《关于转发国家发展改革委营造良好市场环境 推动交通物流融合发展实施方案的通知》（国办发〔2016〕43号），部署推动交通物流融合发展，提升交通物流综合效率效益，有效降低社会物流总体成本，其中明确提出要"提高联运服务水平""强化多式联运服务""拓展国际联运服务""推行物流全程'一单制'"等任务。2016年9月，国务院办公厅印发《关于转发国家发展改革委物流业降本增效专项行动方案（2016—2018年）的通知》（国办发〔2016〕69号），再次提出了"构建高效运行的多式联运体系""大力发展铁水联运、公铁联运、陆空联运等先进运输组织方式，发挥铁路、水运干线运输优势。开展多式联运、集装箱铁水联运等示范工程，加强在设施标准、运载工具、管理规则、信息系统等方面的统一衔接，提高干线运输效率和一体化服务水平"等具体任务。

交通运输部把加快多式联运发展列为"十三五"优先抓、重点抓的工作事项。交通运输部组织编制印发的《综合运输服务"十三五"发展规划》中明确将多式联运作为"十三五"期综合运输服务体系建设的主导战略，提出着力构建设施高效衔接、枢纽快速转运、信息互联共享、装备标准专业、服务一体对接的多式联运组织体系。同时，交通运输部出台了推进货运枢纽（支持物流园区）发展的资金补助政策，重点支持物流园区公共基础设施和公共信息化建设。2016年5月，交通运输部印发《交通运输部货运枢纽（物流园区）投资补助项目管理办法（暂行）》，明确对入选多式联运示范工程且满足部投资补助政策的货运枢纽（物流园区）项目，等同于纳入交通运输部"十三五"货运枢纽（物流园区）建设项目库，明确对符合条件的货运枢纽（物流园区）项目进行投资补助，并加大了对多式联运型货运枢纽（物流园区）的倾斜力度。2016年12月，交通运输部联合国家发展改革委印发了《推进物流大通道建设行动计划（2016—2020年）》（交规划发〔2016〕217号），提出要大力发展多式联运，全面推进集装箱、半挂车和大宗物资等三大多式联运体系建设。2016年8月，交通运输部印发《关于推进供给侧结构性改革 促进物流业"降本增效"的若干意见》（交规划发〔2016〕147号），进一步强调要大力发展多式联运。

> **专栏 8-1　交通运输部：聚力多式联运促物流降本增效**
>
> 2016年8月，交通运输部印发《关于推进供给侧结构性改革 促进物流业"降本增效"的若干意见》，提出推动交通运输与物流业、制造业等联动发展，推进运输链、物流链、产业链"三链"深度融合，切实增强交通运输在物流业"增效"中的引领作用和"降本"中的先行作用。
>
> 多种交通运输方式间缺乏有效衔接，短驳、搬倒、装卸、配送成本较高，是导致我国物流业综合运输费用较高的重要原因。近年来，交通运输行业积极拓展服务领域、推进物流业发展，同时积极探索物流业集约化、智能化、标准化发展之路。而多式联运可以充分发挥各种运输方式的整体优势和组合效率，进而降低运输成本。大连、成都等地因地制宜，探索出特色多式联运道路。
>
> 大连港不断加强与铁路局、货主、船舶公司的战略合作，形成由港口至内陆全程高效衔接的铁水联运服务模式。在港口端，大连港建有18条铁路线，距码头前沿最近距离仅500米，可实现车船直取作业；在内陆端，大连港通过自主投资、合资合作等多种形式，初步形成以沈阳、长春、哈尔滨、通辽为核心的"4大中心、12个场站、31个站点"的内陆布局，与东北腹地的汽车、粮食、石油化工等重点产业客户形成长期、稳定的合作关系，并创新推出冷藏集装箱班列、商品车铁水联运等服务模式。
>
> 成都国际陆港运营有限公司在突破体制、功能、产业障碍方面，走出了一条特色道路。该公司搭建了统一的内陆港多式联运、场站、信息、金融等服务平台，在此基础上形成统一的内陆港物流公共服务基础平台，引入铁路无轨营业部，并与港口、船舶公司、船代公司等签订合作协议，推动各方协同组织开展多式联运业务；按照"企业联盟化、联盟企业化"的思路，以铁路为核心组建公铁联运、水铁联运、甩挂联盟等物流联盟，构建起"经营网点—汽运班车—铁路分拨中心—货运班列和江海班轮"一体化综合物流通道，建立了至省内遂宁、德阳、达州等二级陆港以及其他物流园区、无水港的联动协作机制。
>
> ——资料来源：中国政府网

2016年12月，经国务院同意，《交通运输部等十八个部门关于进一步鼓励开展多式联运工作的通知》（交运发〔2016〕232号）（以下简称《通知》）印发实施，标志着我国已将多式联运发展上升为国家层面的制度安排。《通知》是进入新世纪以来，多部门首次针对多式联运发展进行联合专项部署的重要文件，对指导我国多式联运产业实践、培育经济发展新动能、加快交通运输供给侧结构性改革具有重要的现实意义和长远影响。《通知》针对多式联运发展存在的主要问题和制约瓶颈，从基础设施、装备技术、市场环境、体制机制、国际合作等方面，对多式联运发展进行系统部署和安排，形成了新时期我国多式联运发展的总体政策框架，成为未来一段时期部际间、部门间、政企间统筹推动多式联运发展的工作纲领和行动指南。

> **专栏 8-2　多式联运力推现代物流新发展**
>
> 日前，经国务院同意，交通运输部等18个部门联合出台了《关于进一步鼓励开展多式联运工作的通知》（以下简称《通知》），并印发至各省级人民政府、国务院各部委及直属机构。如此大范围部门协同、央地携手发力，为运输与物流领域所罕见，彰显出推进多式联运发展的重要性、整体性、复杂性和艰巨性。《通知》印发当天，各种媒体纷纷转载，物流圈内一片叫好，业内人士点评不断，反映出市场对多式联运政策的高度关注和迫切期待。

发展多式联运意义重大、影响深远。多式联运有利于促进物流业降本增效和安全绿色发展，有利于推动综合交通运输体系建设实现新突破，有利于催生运输装备制造业新增长点，形成现代物流新动能，激发实体经济新活力，助力转型升级新发展。欧美国家经验表明，多式联运能够提高运输效率30%左右，减少货损货差10%左右，降低运输成本20%左右、减少公路交通拥堵50%以上。据有关测算，我国铁路、水运和公路单位周转量运价（普货）比约为1：0.13：2.6、能耗比约为1：0.7：5.2、碳排放比约为1：1.3：10.9，可见通过多式联运将更多中长距离公路货运转向铁路和水运，将产生非常可观的经济和社会效益。

《通知》强化了国家层面的顶层统筹。多式联运涉及物流环节多、关联产业链条长，需要国家层面进行战略统筹。在我国，多式联运虽不是什么新鲜事物，但长期未受到战略层面的高度重视，发展进程总体缓慢，面临不同运输方式市场管理规制不一、基础设施衔接不畅、装备标准统筹不力、信息交互共享不足、运输组织协同不顺、技术创新支撑不够等一系列瓶颈制约，亟待强化跨方式、跨行业、跨区域的政策统筹。反观欧美等发达国家，由于国家战略层面高度重视（如美国提出建设"国家多式联运系统"，欧盟着力打造"欧洲一体化多式联运系统"），并通过一系列法规制度、财政政策手段，逐步形成了发展形式多样、设施装备先进、法规标准完善、运输组织顺畅、政策保障有力的多式联运推进体系。此次《通知》印发，充分借鉴了国际经验，进一步强化了国家层面的战略导向，一定程度弥补了多式联运顶层统筹谋划不足的缺憾，在我国多式联运发展史上具有里程碑意义。

——资料来源：交通运输部网站

第二节　多式联运示范工程成效初显

2015年7月，交通运输部与国家发展改革委联合发布的《关于开展多式联运示范工程的通知》（交运发〔2015〕107号）揭开了多式联运示范工程的序幕，经过企业申请、省级初选推荐、专家评审，于2016年6月正式确定了首批16个多式联运示范工程项目。

截至2016年年底，首批16个多式联运示范工程已开通多式联运线路39条，累计完成集装箱多式联运量超过60万标箱，多式联运价格平均比道路运输低35%左右，降低能耗约66万吨标准煤，减少碳排放约170万吨，综合效益初步显现。

专栏8-3　多式联运示范工程创新如火如荼

优化运输组织，拓展服务范围。辽宁省"东南沿海-营口-欧洲"通道集装箱公铁水联运示范工程实施企业，辽宁沈哈红运物流有限公司，依托辽宁营口港物流枢纽，集成放大海铁联运在时间与价格上的比较优势，深耕T字形多式联运通道，强化与东南港口的战略合作，强化与沿线境外机构合资合作。沈哈红运与境外4个国家、7个城市之间先后开通11条辽（营）满欧中欧班列，2016年中欧班列箱量完成3.3万标箱，占满洲里口岸出境总箱量的51.3%。

研发新型装备，提高转运效率。郑州国际陆港着力推进运载单元标准化，开发了普通干货箱、温控箱、挂衣箱、开顶箱、分层箱等多种箱型，适应不同货物的装载需要。集装箱箱型的标准化、多功能化将进一步拓展能够使用多式联运进行运输的货物类型，提高货物装载效率，促进多式联运的发展。

推动数据共享，释放信息红利。连云港港口集团作为江苏省新亚欧大陆桥集装箱多式联运示范工程的试点企业，不断完善全国交通电子口岸连云港分中心，通过 EDI（Electronic Data Interchange，电子数据交换）平台的交互和共享功能，打造功能完善、信息丰富的多式联运信息系统，推动港口与铁路、船公司、货代、码头、海关、国检等多式联运全链条中相关主体与管理部门之间信息的互联互通，实现运输组织全过程信息的无障碍流通与共享。连云港港成功搭建起国内首家港口与铁路电子数据交换双向通道，制修订了 32 种报文标准。EDI 系统的开发和应用有效解决了客户实时获取货物动态信息的需求，车停时间同比下降 12.2%，集装箱翻倒率下降 78%，平均订舱时间提前 5 小时。

探索单证交换新模式，建立"一单制"单证系统。成都国际陆港在 2016 年组织成都铁路港首批海铁联运提单试运，以成都国际铁路港为签发地和启运地，经"蓉欧+"铁路班列、上海港运输至美国亚特兰大，实现了内陆港海港功能前移。针对中欧班列的"一单制"运输，成都国际陆港目前就提单流转、贸易结算方式与中国银行及贸易双方客户达成一致，拟于 4 月初签发首张针对中欧班列公铁联运的多式联运提单。为推行"单窗口一站式"服务，成都国际陆港打造了多式联运综合服务大厅，集中铁路、船公司、港口、海关、检验检疫等 5 类服务窗口，由客户经理前台统一受理客户需求，后台再行分拨。实现铁路班列订车与船运班轮订舱有效对接，成都本地就能报关退税，货主不需要到港口即可办完所有进出口货物手续。

——资料来源：交通运输部网站

第三节　多式联运全产业链大调研圆满完成

为全面系统了解我国多式联运发展的基本情况，梳理出一批预期好、能落地、可实施的多式联运重大项目，研究完善支持多式联运发展的规划、用地、财税、金融、管理改革等政策建议，交通运输部组织开展了多式联运发展全产业链调研，着力促进多式联运发展建立专项工作机制，明晰一揽子工作方案。调研工作组织成立了由部领导任组长，铁路总公司、国家铁路局、国家邮政局以及部内各司局负责人参加的多式联运发展专项工作组；同时，组织成立了由国务院发展研究中心、国家发展改革委综合运输研究所、中国铁道科学研究院、中国物流与采购联合会、交通运输部所属科研院所等单位专家参加的顾问组。交通运输部办公厅制定了《2016 年推进多式联运发展工作方案》，明确了"八个一"为重点的工作目标和任务分工、时间节点。

为深入开展调查研究，交通运输部办公厅印发了《关于开展多式联运发展全产业链大调研活动的通知》（交办运函〔2016〕298 号）、《关于组织开展多式联运发展全产业链函调工作的通知》（交办运函〔2016〕358 号），动员国内外各方力量，赴 20 余个省份、近 100 家企业开展调研活动，形成了 1 个调研总报告、8 个专题报告、10 个子报告的研究成果。通过多式联运发展全产业链调研，摸清了发展底数，厘清了发展思路，为做好多式联运发展顶层设计、深化综合运输服务供给侧结构性改革奠定了坚实基础。

第四节　多式联运技术标准加快完善

多式联运技术政策研究继续深化。根据交通运输重大技术方向和技术政策研究工作统一部署，交通运输部组织开展了多式联运发展技术政策研究，不断深化多式联运发展规律、产业政策、经济分析、环境效益评估等方面的基础研究，启动了多式联运服务规则研究编制工作，提出制定适合我国国情并与国际接轨的多式联运服务规则,推动不同运输方式在票据单证格式、运价计费规则、货类品名代码、保险理赔标准、责任识别等方面的衔接协调。

多式联运标准体系加快建立健全。2016年12月,交通运输部发布了《多式联运术语》(JT/T 1092—2016)、《多式联运运载单元标识》(JT/T 1092—2016)两项多式联运标准。《货物多式联运术语》共包括多式联运基础术语、装备术语、设施术语、作业术语、参与者术语、服务与管理术语和国际联运术语共七个核心部分的内容,明确了49条多式联运相关术语和概念的定义。《多式联运运载单元标识》对多式联运运载单元的标识系统及标识具体要求做出了规定。在标准制订过程中,按照精简实用与适度超前相结合的原则,结合我国多式联运的发展现状以及未来发展趋势,标准给出了多式联运、多式联运运载单元、多式联运经营人等核心基础概念的定义。同时,为适应多式联运国际化的运作需要,标准也充分借鉴并吸收欧美现有术语,对于驮背运输、内陆集装箱、交换箱等国内尚未出现的多式联运形式和装备进行了界定,力图发挥标准的引导作用,推动多式联运创新实践和国际化接轨。

> **专栏 8-4 《货物多式联运术语》和《多式联运运载单元标识》解读**
>
> 我国的多式联运已经迈入发展的黄金时期。但是,由于多式联运的概念起源于欧美国家的运输实践,各个国家的体制、环境和视角各不相同,对于多式联运内涵的界定也不尽相同。就我国而言,由于在引入国外多式联运概念过程中没有进行仔细区分,使得我国对相关名词的解读和翻译容易出现偏差,在多式联运及相关术语的表述和使用上,经常会出现词不达意、概念模糊甚至概念混淆的情况,对多式联运的相关概念和内涵认识不统一甚至相互矛盾,为多式联运的实践带来许多误解和障碍,制约了多式联运的发展以及服务水平的提高。多式联运相关概念的界定是推动多式联运发展的前提,也是制定多式联运相关标准的基础。两项多式联运行业标准的颁布实施,尤其是《货物多式联运术语》,填补了我国多式联运标准的空白,统一了我国现有多式联运相关概念和术语的定义,有利于提高多式联运术语的标准化和规范化水平,对于深化多式联运认识、强化行业交流、促进多式联运行业实践具有重要的意义。
>
> 如果说《货物多式联运术语》是多式联运的"词典",《多式联运运载单元标识》则是多式联运装备流通的"身份证"。多式联运运作的核心在于运载单元在不同运输方式之间的快速转换,与此同时,信息平台对运载单元的调配、运输途中监控和空置状态信息进行记录和交换,而这就需要运载单元有一个唯一的编码。《多式联运运载单元标识》规定的箱主代码、设备识别码、箱号和校验码可以保证运载单元标识的唯一性,使得运载单元的状态、箱主和注册质量等信息可以进行实时监控,为多式联运装备快速发展和流通奠定了技术基础。全球最大的集装箱制造企业—中集集团表示,《多式联运运载单元标识》将为企业生产多式联运集装箱、半挂车和交换箱体提供装备身份证号,也为物流企业运营提供了信息化管理手段,对促进国家多式联运的发展意义重大。
>
> ——资料来源:交通运输部网站

第九章 道路运输安全

道路运输安全作为公共安全的重要组成部分，事关人民群众生命财产安全，事关经济社会协调、稳定发展，是重大的民生问题。2016年，道路运输行业认真贯彻落实《国务院关于加强道路交通安全工作的意见》（国发〔2012〕30号）的重要指示，严格执行全国道路运输安全生产形势分析电视电话会的相关要求，强化安全责任意识，明确安全生产责任，提升安全管理质量，在夯实道路运输安全基础上狠下功夫，确保道路运输安全形势总体稳定。

第一节 运输安全事故稳定下降

一、总体情况

道路运输行车事故总量稳定下降。2016年，全国道路运输安全形势保持稳中向好，重特大道路运输行车事故得到抑制，道路运输安全形势持续改善。2016年全年全国共发生一次死亡3人以上道路运输行车事故137起、死亡638人，与上年相比分别下降12.2%和16.2%。其中，一次死亡10人及以上道路运输行车事故5起、死亡95人，分别较2012年的16起、243人下降了68.7%和60.9%。

二、事故分布

（1）区域分布

总体来看，我国中南、西南地区仍然是事故多发区。全年一次死亡3人及以上道路运输行车事故中，发生在中南和西南地区的事故数量和死亡人数仍位居前列，两地事故与死亡人数之和分别为84起和383人，分别占全国的61.3%和60.0%，见图9-1。

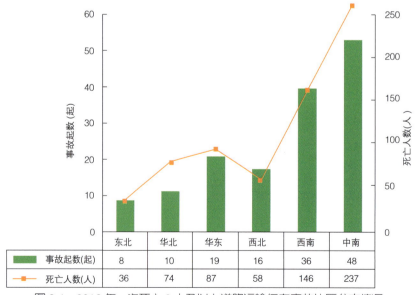

图9-1 2016年一次死亡3人及以上道路运输行车事故片区分布情况

（2）路段分布（技术等级）

二级公路和高速公路为事故多发路段。在一次死亡 3 人及以上道路运输行车事故中，发生在二级公路的事故起数与死亡的人数分别为 37 起和 226 人，占比分别达到 27.0% 和 35.4%，见图 9-2。发生在高速公路的事故数与死亡人数分别为 14 起和 71 人，占一次死亡 3 人及 3 人以上道路运输行车事故的 10.2% 和 11.1%。

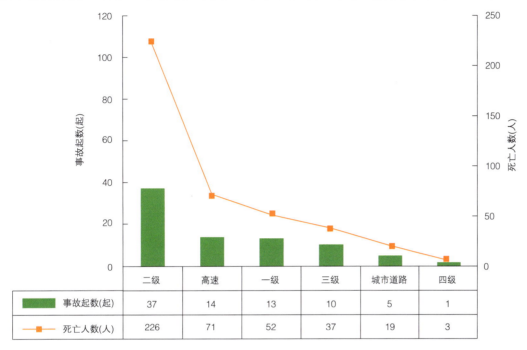

图 9-2　2016 年一次死亡 3 人及以上道路运输行车事故路段（技术等级）分布情况

（3）路段分布（行政等级）

从事故发生行政等级看，国道和省道发生事故最多，一次死亡 3 人及以上道路运输行车事故中，发生在国道及省道上的事故数和死亡人数分别为 112 起和 541 人，分别占总数的 81.8% 和 84.8%，见图 9-3。其中发生在国道上的道路运输行车事故数量和死亡人数分别为 69 起和 299 人，分别占总数的 50.4% 和 46.9%。

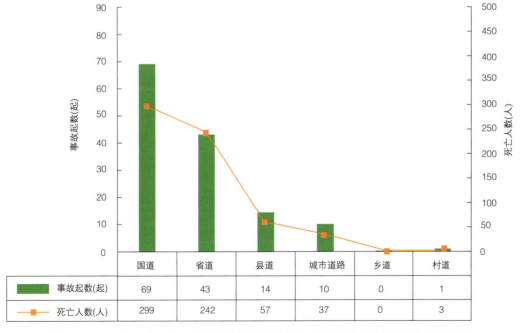

图 9-3　2016 年一次死亡 3 人及以上道路运输行车事故路段（行政等级）分布情况

(4) 时间分布

从时间分布来看，技术处理剔除不准确数据后，2016年一次死亡3人及以上道路运输行车事故中，白天是道路运输行车事故的高发时段，发生的事故数量和死亡人数占总数的61.8%和59.1%，见图9-4。

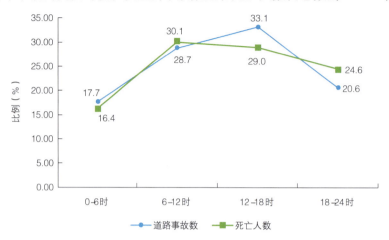

图9-4　2016年一次死亡3人及以上道路运输行车事故时间分布情况

三、客运行车事故分析

(1) 总体情况

2016年，道路旅客运输安全生产总体稳中向好，道路客运安全水平显著提升，安全事故数量大幅下降。全年共发生一次死亡3人以上道路客运行车事故63起，造成328人死亡、567人受伤，事故起数和死亡人数同比下降23.2%和29.5%，受伤人数同比下降34.8%，见图9-5。其中，一次死亡10人及以上道路客运行车事故4起，造成84人死亡、61人受伤，事故起数、受伤人数和死亡人数分别比上年降低50%、52.7%和32.3%，见图9-6，重特大客运安全事故得到了较好抑制。

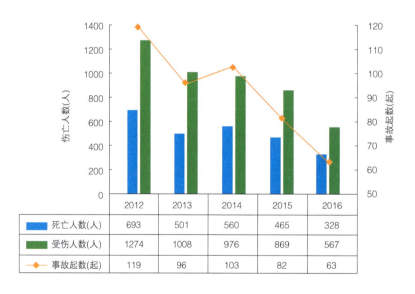

图9-5　2012—2016年一次死亡3人及以上道路客运行车事故情况

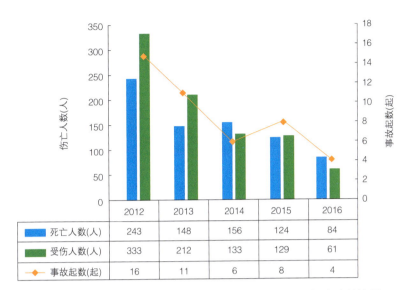

图 9-6　2012—2016 年一次死亡 10 人及以上道路客运行车事故情况

(2) 线路分布

2016 年，一次死亡 3 人及以上道路客运行车事故中，省际班线客运和市际班线客运共发生事故 27 起，造成 152 人死亡、265 人受伤，分别占总数的 49.1%、51.7% 和 52.0%，见图 9-7，中长途客运行车事故仍属多发线路。旅游及包车客运共发生事故 13 起，造成 79 人死亡、131 人受伤，平均每起事故受伤人数超过 10 人，比 2015 年同比降低近 23%，安全生产形势明显好转。

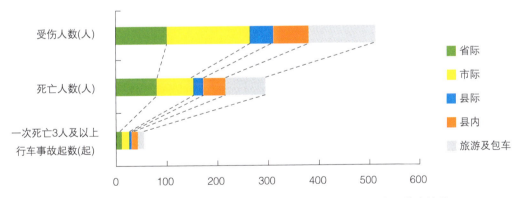

图 9-7　2016 年一次死亡 3 人及以上道路客运行车事故线路类别分布情况

(3) 事故形态

2016 年，一次死亡 3 人及以上道路客运行车事故中，碰撞和翻车是导致行车事故的主要事故形态，见图 9-8。其中由碰撞所导致的客运行车事故有 34 起，造成 179 人死亡，分别占总数的 54.0% 和 54.6%，所占比例同比下降 13 个百分点和 3.4 个百分点。由翻车所导致的道路客运行车事故有 14 起，造成 67 人死亡、146 人受伤，分别占总数的 22.2%、20.4% 和 25.7%。

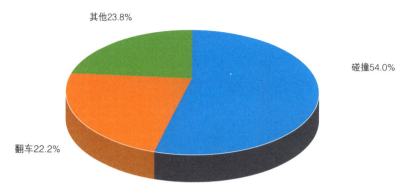

图 9-8　2016 年一次死亡 3 人及以上道路客运行车事故形态占比

四、典型重大事故追责[1]

湖南郴州宜凤高速 "6.26" 特别重大交通事故是 2016 年发生的一起典型的特大交通事故。该事故共造成 35 人死亡，13 人受伤，车辆烧毁、高速公路路面及护栏受损，直接经济损失达 2290 余万元。

湖南郴州宜凤高速 "6.26" 特别重大交通事故经调查认定，事故直接原因为：驾驶员刘大辉疲劳驾驶造成车辆失控，与道路中央护栏发生碰撞事故，导致车辆油箱柴油泄漏，遇到因摩擦产生高温后起火。因车门无法有效展开，且安全锤未按规定放置在车厢内，乘客无法逃生，造成重大人员伤亡。

湖南郴州宜凤高速 "6.26" 特别重大交通事故主要暴露出以下问题：一是驾驶员安全意识和应急处置能力差，驾驶员疲劳驾驶是导致本次事故的主要原因。二是客车安全性能不符合国家标准。事故客车是按照旧标准生产的，门窗与安全锤均不符合标准。三是企业安全生产主体责任落实不到位。事故企业未按照国家有关规定履行好安全生产主体责任，未按规定对事故车辆开展安全查验、例检，未落实车辆动态监控管理规定，同时非法打印旅游包车客运标志牌，未采取有效措施防止驾驶员疲劳驾驶，未落实应急管理各项规定要求。四是旅游包车源头安全监管不力。衡阳市道路运输管理处下属的雁峰管理所相关负责同志违规为骏达公司提供盖有公章的空白旅游包车客运标志牌以及登录"湖南省道路运输信息管理系统"的账号密码，并以每张 5 元的价格向骏达公司收取标志牌办理费用。相关部门事后对相关企业、相关部门共 21 人采取刑事强制措施，对 6 家事故有关企业及相关负责人的违法违规行为给予行政处罚，责成湖南省人民政府和衡阳市委、市人民政府做出深刻检查。

第二节　运输安全管理水平稳步提升

一、重点时段安全保障能力显著提升

为全力做好春运期间运输安全工作，交通运输部与国家发展改革委、公安部、国家安监总局等部门沟通协调，联合下发了《关于认真做好 2016 年春运工作的通知》（发改运行〔2015〕2974 号），联合召开了全国春运电视电话会议，统筹部署了运力保障、安全监管、服务提升等方面工作，有效保障春运期间

---

[1] 根据国家安全生产监督管理总局网站资料整理。

全国 29.15 亿人次的旅客安全运输，道路客运事故起数和死亡人数同比分别下降 58% 和 66%。

为做好两会和 G20 等重特大活动安保工作，交通运输部对全国"两会"安保工作进行了周密部署，下发《2016年"两会"期间进京长途客运安检查控工作的通知》，指导各地确定"两会"期间安保联系人，建立每日客运信息报送机制。交通运输部下发了《关于二十国集团峰会环浙疆及出疆入浙通道道路运输安检查控工作方案的通知》《关于切实做好二十国集团峰会期间运输服务保障工作的通知》等文件，全面保障了会议期间的道路运输安全运行。另外，交通运输部会同公安部、住建部等部门下发了《关于印发〈城市公共交通安保工作年度考评办法（试行）〉的通知》（公治〔2016〕61号），指导各地做好城市公共交通安保工作年度考评。

二、运输安全生产规范程度不断提高

"道路运输平安年"活动深入开展。交通运输部联合公安部、国家安监总局印发了2016年"道路运输平安年"活动方案，部署了活动重点工作，先后4次组织召开了全国道路运输安全生产季度分析电视电话会议，传达贯彻中央领导和部党组重要指示批示精神，有针对性地部署安全生产工作。针对湖南"6.26"、天津"7.01"等重特大事故暴露出的问题，交通运输部制定印发了《深刻汲取事故教训切实加强和改进道路客运安全工作的任务分工表》，督促各级各有关部门抓好落实，不断提升道路客运安全水平。

生产安全相关规范标准不断完善。2016年，交通运输部先后4次下发加强和改进道路客运安全管理工作的紧急通知，部署全面开展事故预防和隐患排查整治工作。一是针对重特大道路客运事故暴露出的问题，制定了《营运客车安全技术条件》《客车行李舱载货规范》，着力解决营运客车应急逃生能力不足、防火阻燃性能差、防侧翻能力不足、行李舱违规载货等问题。二是联合国家安监总局印发了《关于做好营运客车应急锤更新更换专项工作的通知》（交办运〔2016〕148号），对全国所有在用营运客车更换应急锤，要求2017年12月31日前完成所有营运客车应急锤更换工作，提升在用营运客车应急逃生能力。三是组织修订了《道路运输车辆技术管理规定》，全面规范营运车辆使用、维修、检测环节管理。

驾驶员素质教育工程深入实施。交通运输部印发了《机动车驾驶员培训与考试大纲》《道路客货运输驾驶员考试大纲》，有效强化驾驶员安全行车意识，有力提升全社会驾驶人、特别是营运客货驾驶员的安全文明行车素质。

三、危险品运输安全监管继续加强

危货运输安全管理手段不断强化。随着我国经济社会的不断发展，危险品种类骤然增多，以危险品运输为重点的安全监管工作难度显著提升。交通运输部部署周密工作安排，有效提高了危险货物道路运输安全管理质量。一是积极协调公安部、工业和信息化部、国家质检总局等部门，起草了《危险货物道路运输管理办法（征求意见稿）》，明确了托运、装载、承运等环节各相关企业的责任与边界，强化了危险货物运输车辆等薄弱环节的管理要求。二是组织各方力量，完成《危险货物国际道路运输欧洲公约》（ADR）翻译出版工作。通过部网站等渠道，将公约翻译电子版供行业企业及有关人员免费下载学习、借鉴国外先进管理经验，得到了行业的积极响应；三是组织梳理我国危险货物运输法规标准体系，形成《危险货物道路运输法规标准体系梳理报告》，提出整合与完善的思路和具体方案建议，为解决危险货物运输法规标准制度部门化、碎片化及交叉、冲突矛盾等问题打开了局面；四是组织修订《危险货物道路运输规则》（JT 617—2004）。借鉴 ADR 公约将原来散落在多个标准中与运输安全相关的内容集中整合到一个标准中，促进危险货物运输操作全过程协同性水平提升。五是起草印发了《关于进一步规范限量瓶装二氧化碳气体道路运输管理有关工作的通知》（交运发〔2016〕61号），指导协会编写有关安全运输指南，并进行了宣贯。六是组织开展危险货物道路运输应急处置能力建设工作。根据危险化学品安全生产监管部际联席会议要求，交通运输部联合公安部、国家安监总局、环境保护部、国家质检总局等部门有关司局成立专项工作组，制定了《加强危险货物道路运输应急处置能力建设研究工作方案》，起草完成了《加强危险货物道路运输应急处置能力建设研究报告》。

第十章　绿色低碳交通

2016年，道路运输行业贯彻落实党中央、国务院节能减排工作部署，强化理念意识，推进试点示范，加大宣传力度，着力推进运输装备、运输组织体系创新，节能减排监管能力和服务水平不断提升。

第一节　交通运输节能环保专项规划出台

2016年，交通运输部发布《交通运输节能环保"十三五"发展规划》（交规划发〔2016〕94号）（以下简称《规划》），提出要把绿色发展理念融入交通运输发展的各方面和全过程，着力提升交通运输生态环境保护品质，突出理念创新、科技创新、管理创新和体制机制创新，有效发挥政府引导作用，充分发挥企业主体作用，加强公众绿色交通文化培育，加快建成绿色交通运输体系。

《规划》明确了6方面17项主要任务，提出到2020年：适应全面建成小康社会要求的绿色交通运输体系建设取得显著进展；行业能源利用效率不断提高，能源消费结构得到明显改善；生态环保取得明显成效，国家各项污染防治行动要求得到全面落实，污染事故应急处置能力进一步加强，资源节约集约与循环利用水平全面提升；行业节能环保管理体制机制更加完善，监管与服务能力显著增强。

根据《规划》，"十三五"期间，交通运输部将继续推进交通运输结构调整，提升交通运输装备能效水平，优化交通运输能源消费结构，深化节能降碳制度创新与技术应用；加强新建交通基础设施生态保护，继续推进已建基础设施生态修复工程；加强行业大气污染防治工作，组织开展行业水污染防治，进一步提升污染事故应急能力；推进资源节约集约利用，加强资源综合循环利用；健全绿色交通制度和标准体系，强化行业节能环保管理，加强节能环保统计监测。在服务国家发展重大战略方面，《规划》提出支撑京津冀一体化绿色交通发展、推进长江经济带绿色综合立体交通走廊建设、构建"一带一路"交通运输绿色发展管理体系。

根据《规划》，"十三五"期道路运输的节能环保任务依然艰巨。与2015年相比，到"十三五"期末，要求营运客车单位运输周转量能耗和二氧化碳排放量分别下降2.1%和2.6%，营运货车单位运输周转量能耗和二氧化碳排放量分别下降6.8%和8%，道路运输清洁燃料车辆保有量增长50%。

第二节　"中国绿色货运行动"深入推进

中国绿色货运行动（China Green Freight Initative，CGFI）是交通运输科研院所、国内外相关机构、货运与物流企业、货主企业及车辆装备制造企业，联合发起并组织实施开展的一项行业大型公益活动，旨在通过倡导"绿色管理、绿色技术、绿色驾驶"理念，实现提高运输效率、降低运输成本、节能减排及行业转型升级的目标。目前，中国绿色货运行动已经形成了以绿色货主创建、绿色货运企业创建和绿色货运技术征集为主线，以推动货主-货运企业-车辆装备制造企业全产业链合作机制、节能与排放量化统计和评价工具的开发为重点，以全面推广绿色驾驶、服务卡车驾驶员为突破口，以地方绿色试点为支撑，全面推动深入开展的良好局面。

中国绿色货运行动从绿色运输组织管理、绿色车辆装备技术、绿色安全节能驾驶三个领域推进入手。绿色管理主要集中在引导企业提升里程利用率，积极参与国家甩挂运输和多式联运试点，树立道路货运品牌，应用货运信息管理系统。绿色技术主要集中在推动货运车辆接入国家公共货运车辆监管平台，购置新能源和清洁能源车辆，按照燃料消耗限值主动淘汰黄标车，帮助企业选用后装节能产品，帮助企业选用利于节能减排的各类添加剂，鼓励企业应用互联网技术改进经营管理和安全生产水平。绿色驾驶主要集中在帮助企业提升车队管理水平和驾驶人员素质，开展节能驾驶竞赛和驾驶技能培训，完善企业能耗统计机制。自行动开始以来，重点推进了以下工作：

第一，开展绿色货主企业创建活动。制订绿色货主参与行动的方案，明确货主参与的权利和义务，要求货主承诺选用绿色货运企业、使用绿色节能车辆。目前沃尔玛、宜家等货主已纳入行动之中。

第二，开展绿色货运企业创建活动。行动根据绿色货运企业标准制订了工作方案，选拔行业标杆企业，按标准评出绿色货运企业，并推荐给绿色货主，在行业进行宣传推广，带动更多货运企业参与。

第三，开展绿色货运技术征集活动。行动对国内外绿色货运技术进行筛选，在重点用能产品、后装节能产品、各类添加剂、信息智能技术四方面明确标准，通过试验和评价向行业发布，鼓励企业应用。

第四，对碳排放统计工具开发进行探索。行动收集了欧美国家关于碳排放的量化统计方法，开展了相关培训并在中外运进行了试点，对今后配合政府主管部门进行行业能耗及排放统计进行了有益探索。

第五，开展针对驾驶员的宣传推广活动。行动通过网站等方式宣传绿色货运技术和政策，向行业散发知识读本，开展旨在关爱卡车驾驶员和提升绿色安全驾驶技能的推广活动。

第六，开展绿色货运的地方试点工作。凝聚北上广深及天津等城市的行业管理部门参与行动，建立交流和协调机制，采信行动阶段性成果，落实绿色发展政策。

第三节　节能宣传周活动丰富多彩

2016年6月12日至18日是第26个全国节能宣传周，6月14日为全国低碳日。本次全国节能宣传周活动的主题是"节能领跑 绿色发展"，全国低碳日活动主题为"绿色发展 低碳创新"，交通运输部门以"绿色交通 低碳出行"为主线组织开展节能低碳宣传活动。交通运输部发布《关于组织开展交通运输行业2016年全国节能宣传周和全国低碳日活动的通知》（交办规划函〔2016〕557号），要求各级交通运输部门、单位，围绕国家和部节能宣传主题主线，结合行业特色和地域特征，深入开展交通运输行业节能降碳宣传教育，认真组织多种形式的实践活动，广泛动员交通运输职工、企事业单位共同参与。

各级交通运输部门大力宣传绿色交通示范工程，宣传交流交通运输能效、清洁能源利用、绿色交通省份（城市、道路、港口）等试点示范工作建设成果，宣传推广行业节能减排示范项目等，组织开展了绿色交通进"车、船、路、港"和进校园活动，以"车、船、路、港"千家企业低碳交通运输专项行动的参与企业以及绿色交通项目实施单位为重点，多种媒体、多种形式宣传交通运输低碳发展理念，推广节能减排技术和产品，引导社会公众绿色低碳出行。交通运输部还开展公共机构低碳体验活动，在交通运输部机关及交通运输企事业单位办公场所开展能源紧缺体验活动和绿色低碳出行活动，除信息机房等特殊单位和场所外，倡导办公区域空调、公共区域照明在全国低碳日停开一天，高层建筑电梯分段运行或隔层停开；倡导绿色低碳的办公模式和出行方式，减少一次性办公用品消耗，鼓励乘坐公共交通工具、骑自行车或步行上下班，在全国低碳日掀起节能降碳新高潮。

节能宣传周期间，交通运输部组织召开交通运输节能减排和环境保护工作电视电话会，贯彻落实国务院节能减排和生态保护目标，总结交流"十二五"期绿色交通发展成效经验，部署"十三五"期交通运输节能减排降碳和生态环境保护工作。

专栏 10-1　交通运输节能减排和环境保护工作电视电话会召开

2016年6月12日，全国节能宣传周第一天，交通运输部召开交通运输节能减排和环境保护工作电视电话会议，总结交流"十二五"期绿色交通发展成效经验，部署"十三五"期交通运输节能环保重点工作。副部长戴东昌出席会议并指出，要牢固树立和贯彻落实五大发展理念，高举生态文明旗帜，准确把握应对气候变化新目标和国家污染防治计划新要求，勇于担当、求真务实，深入推进交通运输绿色循环低碳发展，推进"十三五"交通运输节能环保工作开好局起好步。

"十二五"期，交通运输节能环保工作成效显著，宏观指导体系不断完善，绿色交通基础能力不断提升，能源利用效率明显提高，交通生态环境初步得到改善，绿色交通价值取向基本形成。"十二五"规划设定的能耗和碳排放强度降低目标顺利完成，2015年与2005年相比，营运车辆和营运船舶单位运输周转量二氧化碳排放分别下降15.9%和20%。

戴东昌指出，"十三五"期，要准确把握交通运输节能环保工作的新要求、新思路、新任务、新挑战和新机遇，切实抓好四方面工作。一是绿色引领，优化综合运输结构。二是夯实基础，加强绿色交通规划和决策体系建设、监管和服务能力建设等，加大宣传力度，提升绿色交通治理能力。三是典型引路，开展绿色交通示范工程，继续开展绿色交通省、城市、道路、港口等示范，推动绿色交通智能示范建设，推进绿色检测和维修示范。四是突出重点，深入推进交通运输节能降耗，强化基础设施生态保护，全面开展污染综合防治，推进资源节约循环利用，构建重大战略区域绿色交通走廊。同时，要加强领导、协同推进，强化监督、落实责任，创新政策、加大投入，开展交流、倡导合作，确保"十三五"期交通运输节能环保工作取得实效。

会上，江苏、重庆、陕西等省（市）交通运输厅（委）和长江航务管理局负责同志作经验交流。部机关有关司局、在京部属单位及有关中央交通运输企业负责同志在主会场参加会议，各省（区、市）、新疆生产建设兵团交通运输部门、京外有关部属单位负责同志在分会场参加会议。

——资料来源：中国交通新闻网

第十一章 道路客运转型升级

2016 年,为进一步推进我国道路客运的发展水平,交通运输部发布了《关于深化改革加快推进道路客运转型升级的指导意见》(交运发〔2016〕240 号)等重要政策文件,旨在发挥出道路客运的比较优势,进一步提升综合运输整体服务效能,更好满足经济社会发展和人民群众出行需要。

第一节 城乡道路客运一体化稳步开展

实现全面小康,既要让城市发展,也要让农村繁荣。2016 年 11 月,交通运输部联合十个部委出台《关于稳步推进城乡交通运输一体化 提升公共服务水平的指导意见》(交运发〔2016〕184 号),提出到 2020 年实现具备条件的乡镇和建制村通硬化路率达到 100%,具备条件的乡镇和建制村通客车比例达到 100% 等"八个 100%",基本形成城乡交通运输一体化格局,让人民群众共享交通运输改革发展成果。京津冀、长三角等全国主要城市和地区深入推进协同发展战略,城乡交通运输一体化发展取得新成效。北京、上海、深圳等地大力推进城市公交向城市周边延伸服务,实现行政区域城市公交全覆盖。重庆建立了政府出资购买农村客运保险和支线农村客运运营补贴制度,为农村客运发展提供了财政支持。

一、加快基础设施一体化建设

交通运输部通过加快城乡交通基础路网建设,加强城市道路、干线公路、农村公路、渡口码头之间的衔接,强化了市县乡村之间的交通联系。此外,交通运输部门还实施了百万公里农村公路工程,加快实现所有具备条件的乡镇和建制村通硬化路,加快推进公路安全生命防护工程实施,通过建设适宜的农村渡河桥等措施为推进城乡道路客运一体化提供保障。

2016 年,全国新改建农村公路达到 29.2 万公里,乡镇和建制村公路通达率分别达 99.99%、99.94%,通硬化路面率分别达 99.00%、96.69%,全国农村公路列养率达到 97.3%,优良中等路率达到 80.6%。新增通硬化路建制村 1.3 万个,新增通客车建制村 5500 个,乡镇和建制村通客车率分别达到 99.02% 和 95.37%,解决了 5.7 亿农民群众的出行问题,初步形成了以县城为中心、乡镇为节点、建制村为网点,遍布农村、连接城乡、纵横交错的农村公路客运网络。北京、河北、辽宁、吉林、上海、江苏、湖北共 7 个省市率先实现了农村客运建制村全覆盖。

专栏 11-1 全国"四好农村路"运输服务工作现场会成功召开

2016 年 11 月 9 日至 10 日,交通运输部在湖北省竹山县召开全国"四好农村路"运输服务工作现场会。会议提出,要抓住黄金时期加快发展"四好农村路"事业,力争到 2020 年,基本建成能力总体适应、结构科学合理、组织集约高效、技术先进适用、安全保障有力、生态环境友好、体制机制顺畅的农村交通运输体系。

交通运输部党组书记杨传堂出席会议并作重要讲话。杨传堂指出,"十二五"以来,全国农村交通运输工作成效显著,"四好农村路"建设迈上新台阶,客运网络建设呈现新局面,物流体系建设取得新成效,城乡客运一体化有了新发展,交通运输安全防护工作得到新提升,服务农业现代化、农民群众脱贫致富、广大农民便捷出行、生产生活资料进城下乡、城乡统筹发展以及农村地区平安创建的能力明显增强，有力支撑了农村经济社会发展。

杨传堂要求，要紧紧抓住黄金时期，持续加快发展"四好农村路"事业，着力在完善"四好农村路"建设工作顶层设计、补齐农村交通运输扶贫工作短板、完善农村公路等基础设施网络、提升农村客运服务质量、拓展农村物流服务功能、推进农村邮政快递服务全覆盖、推进城乡交通运输统筹协调发展、健全农村交通运输治理体系上下功夫见实效，努力为广大农民奔小康提供更好的运输服务保障。

会上，湖北省交通运输厅、江苏省交通运输厅、内蒙古自治区开鲁县、黑龙江省牡丹江市邮政局、浙江省安吉县、安徽省舒城县、山东省沂水县、湖北省竹山县、云南省丘北县、广东粤运集团等单位负责人出席会议并作交流发言。

——资料来源：湖北省交通运输厅

二、优化客运服务

2016年，道路运输部门积极完善城乡客运服务网络，加快建立完善综合运输网络体系，实现城乡道路客运与铁路客运、机场、码头的一体化换乘和衔接。

在推进城乡客运结构调整方面，道路运输行业加快整合城乡客运资源，鼓励开展区域经营，积极培育骨干龙头客运企业，鼓励整合分散的农村客运经营主体，引导农村客运班线采取区域经营、循环运行、设置临时发车点等灵活方式运营。此外，道路运输部门还积极支持传统村落、休闲农业聚集村、休闲农园、特色景观旅游名村、农家乐等乡村特色旅游区域开通乡村旅游客运线路，同时完善城乡客运价格形成机制，完善城乡客运价格形成机制，合理确定票制票价，建立多层次、差异化的价格体系，更好地满足了城乡居民出行需求。

三、强化安全保障

随着城乡交通运输的快速发展，运输安全保障成为社会关注的焦点。交通运输部门积极强化部门联动，密切分工协作，督促企业严格落实安全生产主体责任，加大安全投入，加强从业人员培训教育，加强农村公路设施巡查，及早发现农村公路设施隐患，妥善处治，切实提高安全服务水平。与此同时，注重发挥县乡政府的组织领导作用，健全农村交通安全防控网络，大力推进乡镇交管站（办）、农村交通安全劝导站和乡镇交通安全员、农村交通安全劝导员建设、培训，切实履行好安全监管、监督责任。

第二节 京津冀协同发展交通一体化不断深化

交通一体化在京津冀协同发展中发挥着基础性和先导性作用。2015年年底，交通运输部联合国家发展改革委印发了《京津冀协同发展交通一体化规划》，提出扎实推进京津冀地区交通的网络化布局、智能化管理和一体化服务。

一、加强区域交通网络建设

京津冀交通一体化领导小组自成立以来，集中攻坚、重点突破，各项工作取得了积极进展，协调机制不断完善，重点领域协作更加紧密，交通一体化突破不断，以轨道交通为骨干的多节点、全覆盖交通网络正逐渐形成，有力支撑了经济社会发展，也改变着人们的生活。截至2016年年底，京昆高速公路、111国道与河北同步建成通车，完善了区域高等级路网；京新高速公路（五环至六环段）建成通车，形成了城市西北方向第二条高速通道；北京地区环线高速公路河北境内全线（替代路线）贯通。

二、推进区域一体化运输服务

为推进京津冀区域运输服务一体化，交通运输部提出绘制京津冀智能交通"一张蓝图"，打造交通运输信息共享交换"一个平台"，推动城市常规公交、轨道、出租汽车等交通"一卡通"，实现交通运输监管应急"一张网"，并积极推动干线铁路、城际铁路、干线公路、机场与城市轨道、地面公交、市郊铁路等设施有机衔接，实现"零距离换乘"，鼓励"内陆无水港""公路港"和"飞地港"建设。

截至2016年年底，北京市139条地面公交线路具备互联互通试运营条件，包括69条由四座火车站始发的公交线路、39条进入河北省的八方达公交线路、2条观光线路、29条"运通"路号的公交线路。天津滨海新区公交集团所属110条公交线路1400余辆公交车一卡通刷卡系统全部更新和升级完毕，升级后的刷卡机上都贴有交通联合标识。而河北省在2016年年底已初步实现全省互联互通。京津冀交通一卡通试运行以来，已累计发行了3万多张，覆盖城市12个。

专栏11-2　河北省加快京津冀交通一体化建设

为实现交通一体化率先突破，京津冀三地于2014年建立了京津冀三省市区域交通一体化联席会议机制，联席会议每年至少召开一次，由三地轮流承办。在北京召开的京津冀三省市区域交通一体化统筹协调小组第3次联席会议上，三地交通部门就首都地区环线高速公路（大外环原规划线路）承德至平谷段、新机场北线高速东延、G105国道三条道路签署了接线协议，确定了这三条道路的接线位置，也标志着京承交通对接多年的一大难题得到解决。

近年来，河北省在打通"断头路"拓宽"瓶颈路"方面动作频频。上年共消除G335滦赤线平坊至大西营段等"断头路""瓶颈路"200公里，并将区域"对接路"作为头号工作正在加快推进。目前，与京津对接的京秦高速已开工建设，正在全面推进。与北京对接的密涿高速正在加快推进建设，与天津对接的唐廊高速、津石高速也在加快推进前期工作。940公里北京大外环（替代线路）河北省域内850公里将实现合拢。

2016年年底，河北省7市已与京津联网，超额完成了"4+2"公交"一卡通"任务，399条线路、12000部公交车已全部与京津实现了互联互通，已向市民发卡12000余张。北京地区目前有139条公交线路与天津、河北试点城市重点公交线路进行互联互通试运行。

——资料来源：河北省交通运输厅

第三节 道路客运接驳运输全面推广

长途客运接驳运输能够保障长途客运车辆安全运行,输缩短旅客出行时间,是发挥长途客车夕发朝至的比较优势的重要手段。自2013年起,交通运输部会同公安部分三批在27个省份开展了长途客运接驳运输试点。通过开展接驳运输,长途客运的安全运行水平、服务水平有了提高,部分线路的平均实载率达到70%以上,而未开展接驳运输的线路平均实载率与上年相比,同比下滑30%。越来越多的长途旅客正在逐步接受这种新型运输方式,建立全国长途客运接驳运输网络体系的基本条件已经具备。2016年春运期间,全国共有27个省份的3799条线路、8085辆客车实施了接驳运输,使得旅客平安往返,较大等级道路运输事故起数、死亡人数均有所下降。

一、加强接驳运输动态管理

道路运输行业积极贯彻落实《交通运输部关于加强长途客运接驳运输动态管理有关工作的通知》(交运函〔2015〕658号),推动接驳运输从试点状态升级为常态化运营,完善接驳运输信息报送机制,将原来由一年一更新改为每季度更新一次。2016年,道路运输部门组织完成了4个季度各地上报接驳运输车辆更新信息的汇总工作,并报送公安部。

为保障长途客运接驳运输工作顺利开展,各级交通运输部门主动加强了与公安、安监等部门的协调,定期通报接驳运输工作动态和车辆信息,积极协调接驳点设置、夜间通行、违法查处等相关问题。同时,为提升长途客运接驳运输监管效能,统一动态监管标准,道路运输部门制定了分析客运运营管理考核指标,建立道路客运车辆月度抽查机制。

二、推进资源共享整合

道路运输部门积极推动长途客运接驳运输联盟发展,鼓励联盟内企业实施资源共享或整合,最大限度盘活接驳运输资源,实现资源共享,帮助企业加快实现规模化、集约化、网络化发展目标。

2014年8月,根据《关于中国道路运输协会旅客运输工作委员会牵头筹建接驳运输联盟有关意见的函》(交运便字〔2014〕105号)文件精神,由中国道路运输协会旅客运输工作委员会牵头,新国线运输集团有限公司、重庆市交通运输控股(集团)有限公司、山西省汽车运输集团有限公司等8家单位作为创始成员,成立了全国长途客运接驳运输联盟。2016年7月,该联盟又吸纳郑州交运集团、浙江省接驳运输联盟等企业和地方接驳运输联盟加入,使全国联盟的直接加盟单位达到17个,间接加盟企业207家,接驳线路2659条,接驳车辆5534台,接驳站点370个。

全国长途客运接驳运输联盟通过共同发展接驳运输,提升了行业竞争力,推动了道路客运转型升级。此外,联盟还积极参与道路客运接驳运输管理办法起草和相关调研工作,组织开发建设了全国长途客运接驳运输信息服务平台,将接驳运输企业、车辆、驾驶员、接驳点和运行线路的相关信息数据进行整合,为促进行业有效监管、企业有序监控、车辆规范接驳提供了动态化信息服务和支撑。目前,该平台已经初步具备数据接入功能。

联盟还积极推进公用型接驳站点建设,组织起草了《公用型接驳运输站(点)认定管理办法》《公用型接驳运输站(点)运营服务规范》等内部自律性文件,并通过自建、联建等方式,联合成员企业建设公用型接驳站点,为符合条件的接驳运输车辆提供共享服务,提高接驳站点资源利用效率,为长途客运接驳运输的持续规范发展创造了优良环境。

> **专栏 11-3　四川省积极开展长途客运接驳运输试点工作**

为充分整合四川省接驳运输资源，优化接驳运输网络，切实推动长途客运接驳运输试点工作，四川省交通厅按照全国长途客运接驳运输现场会议精神以及交通运输部关于长途客运接驳运输工作要求，积极行动、精心组织，指导 21 家骨干道路运输企业牵头成立了四川省接驳运输联盟。接驳联盟成立后，厅运管局立即指导联盟企业共同制定了四川省接驳运输联盟《章程》《自律公约》，制定了《四川省接驳运输联盟长途客运接驳运输管理制度》，统一整合设置了接驳点。同时，还指导联盟企业制定了本企业的《长途客运接驳运输实施方案》。

截至 2016 年 10 月，四川省确定开展接驳运输试点的长途客运线路 297 条，车辆 1149 台，设置接驳点 38 个。接下来，四川省交通运输厅将以接驳联盟为平台统一组织开展接驳运输试点工作，并将接驳联盟企业开行的符合条件的长途客运线路全部实行接驳运输，力争打造"四川省接驳运输联盟"品牌、提高行业市场竞争力，促进道路客运行业结构优化升级，加速推动长途客运企业网络化运营和集约化、规模化发展，满足综合运输一体化发展的需要。

——资料来源：四川省交通运输厅

第十二章 货运改革与发展

2016年，道路运输行业积极推进货运车型标准化，甩挂运输试点、无车承运人试点、农村物流与冷链等各项工作有序开展，为促进道路货运行业健康发展和物流业降本增效发挥重要作用。

第一节 车型标准化工作深入开展

一、《车辆运输车治理工作方案》印发实施

2016年8月，交通运输部、国家发展改革委、工业和信息化部、公安部、国家质量监督检验检疫总局联合印发了《车辆运输车治理工作方案》（交办运〔2016〕107号）。在全国治超工作领导小组的统一部署下，各乘用车生产企业、整车物流企业积极配合，调整运输计划、整改违规车辆，各级交通运输部门严格规范车辆运输车路面执法检查，治理工作取得预期成效，行业运力保障充足、运行平稳，整车物流市场秩序趋向好转。

根据全国治理货车非法改装和超限超载工作电视电话会议部署，按照《车辆运输车治理工作方案》要求，交通运输部积极做好政策宣传、人员培训、规范执法、暗访检查、投诉处理等8个方面的工作：一是将治理工作方案在中国交通报、部网站、微信公众号上进行发布与解读，中国物流联合会等单位以及《专用汽车杂志》《卡车之家》《新京报》等媒体分别进行了报道。二是与国家发展改革委、公安部、工业和信息化部等部门联合召开座谈会，对全国15家骨干乘用车企业、整车物流企业进行动员部署。三是组织对200余名各省、自治区、直辖市交通运输厅（局、委）负责治理工作的业务骨干进行治理工作培训。四是整理23个省的乘用车生产企业生产基地分布图及295家整车物流企业名录，供各省交通运输部门开展源头治理使用。五是发布了《关于进一步做好车辆运输车治理工作的通知》（交办运函〔2016〕1034号），进一步细化明确了八个方面的具体执法工作要求。六是发布治理工作宣传海报，利用12328微信公众号，鼓励货车驾驶员举报车辆运输车非法运输线索。七是与公安部交管局组成3个暗访组，于9月21日至23日对北京、天津、济南、保定、长春、柳州等10个地区，北汽、一汽、长城、吉利、上汽通用五菱、东风柳汽等乘用车生产企业的15个大型生产基地、装卸场站，以及15个高速公路收费站和35个高速公路服务区进行暗访。八是收集处理整车物流企业反映的交通运输部门查扣车辆运输车的投诉举报。

治理工作开展以来，行业普遍使用双排车运输的现象得到遏制，治理工作取得初步成效。截至2016年年底，第一阶段全面禁止"双排车"通行的目标已经实现，运价实现合理回归并平均上涨20%~30%，各地交通运输部门落实方案逐步规范到位，企业的隐性成本支出减少。车辆运输车生产企业已按新国标生产新车型，运输企业积极准备购买中置轴车辆运输车等标准运力。第二阶段的在用不合规车辆运输车申报录入、建立车辆按期退出台账工作正在开展，为2017年全年完成60%车辆退出工作打下基础。

专栏12-1 全国治超工作组办公室第一次全体会议召开

2016年11月15日，全国治理车辆超限超载工作领导小组办公室召开第一次全体会议，全面总结前一阶段货车非法改装和超限超载治理工作进展情况，研究部署下一阶段重点工作。全国治超工

作领导小组副组长、全国治超办主任、交通运输部副部长戴东昌主持会议并强调，要深入贯彻落实国务院领导对治超工作的重要指示批示精神，按照全国治理车辆超限超载工作领导小组工作部署，凝聚共识，协同联动，分步有序，积极推进全过程、全链条治理，坚决打赢超限超载治理攻坚战。

戴东昌指出，做好治理超限超载工作事关人民群众生命财产安全，事关运输市场秩序和健康可持续发展。自2016年9月21日起，新一轮的集中治超工作在全国范围内展开，各部门积极参与、密切配合，限载标准得到贯彻执行，超限超载现象得到有效遏制，货物运价合理回归，治超工作特别是路面执法取得了阶段性成果。但也要清醒地认识到，治超工作仍面临很多困难和问题，形势依然不容乐观，不容松懈。

戴东昌强调，下一步，要做好7个方面工作。一是进一步统一思想、强化共识，加强统筹、协同联动，扎实推进各项工作。二是进一步巩固和强化路面执法。在前一阶段工作基础上，完善联合执法机制，继续保持高压态势，防止出现反弹；加强一线执法人员培训，规范执法行为。三是进一步完善专项行动方案，分步有序，积极推进全过程、全链条治理。继续坚持循序渐进、稳步推进的原则，以车货总质量为当前治理重点，并对特殊车型治理工作专题研究并提出针对性方案和措施，尽快出台并推进实施货车非法改装专项整治行动方案。四是充分发挥全国治超办作用，创新工作机制，强化组织协调，掌握各地工作进展，及时协调处理出现的问题。五是落实部门职责，增强治超合力，各部门要按照任务分工，各司其职，确保各项措施取得成效。六是加强督导检查，健全考核机制。对督查中发现的执法不规范问题，特别是违规执法和执法犯法问题，坚决严肃处理。七是加强政策宣传，争取社会各界理解与支持。

——资料来源：中国交通新闻网

专栏12-2　车辆运输车治理取得初步成效

2016年年底，在交通运输部例行新闻发布会上，运输服务司巡视员王水平介绍，车辆运输车治理专项工作开展以来，各乘用车生产企业、整车物流企业积极配合，调整运输计划、整改违规车辆，各级交通运输部门严格规范车辆运输车路面执法检查，整车物流行业普遍使用双排车运输的现象得到遏制，治理工作取得初步成效，整车运输市场秩序趋向好转。具体而言，主要体现在三个方面。

一是行业积极配合，企业反应积极正面，双排装载的车辆运输车基本绝迹。二是乘用车生产企业争相调高运价争抢运力，运价合理回归。三是车辆运输车生产企业按新国标加快新车型开发上市进程，运输企业积极准备购买新的标准运力。

车辆运输车治理工作涉及面广、关联影响大，任务十分艰巨。下一步，将继续坚持保障运力充足供给、保障路网运行畅通两条底线，进一步做好车辆运输车治理政策措施的落实，督促各地交通运输部门严格规范执法，督促整车物流企业严格执行过渡期内车辆装载的有关要求，确保"双排车"不出场、不上路，为第二个阶段治理工作奠定坚实基础。

下一步，将重点做好三个方面工作。一是继续密切关注可能出现的运输阻断、乘用车大面积积压等苗头性问题，及时进行化解。二是开展在用不合规车辆运输车信息申报录入工作，按照治理工作目标制定不合规车辆退出计划，严格落实退出计划。三是积极配合工业和信息化部，指导车辆生产企业加快符合新标准要求的车辆运输车研发、公告申请与生产，早日投入市场，尽快替代不合规车型。

——资料来源：中国交通新闻网

二、《汽车、挂车及汽车列车外廓尺寸、轴荷及质量限值》宣贯实施

为规范我国货运车辆的使用和管理，推进货运车型的标准化和现代化，2015年交通运输部配合工业和信息化部、公安部、国家质检总局等部门积极参与国家道路车辆标准《汽车、挂车及汽车列车外廓尺寸、轴荷及质量限值》修订工作。新的标准《汽车、挂车及汽车列车外廓尺寸、轴荷及质量限值》（GB 1589—2016）已于2016年7月26日由国家质检总局、国家标准委正式批准发布。2016年交通运输部组织开展了《道路货运车辆外廓尺寸、轴荷及质量限值合规性指南》编写工作，已完成指南初稿，积极推进道路运输企业规范使用货运车辆。

> **专栏12-3　青海积极开展治超集中宣传日活动**
>
> 为认真贯彻落实全国治理车辆超限超载工作电视电话会议精神，进一步做好货车非法改装和超限超载治理工作。2016年9月12日，按照青海省治超办的统一安排部署，各级治超办在辖区人流密集区、治超站、收费站开展新时期治理车辆超限超载集中宣传日活动。青海省交通运输厅及厅属相关单位在交通科技大楼前组织开展集中宣传，青海省交通运输厅领导及厅机关相关处室参加宣传活动。
>
> 此次治超宣传的主题是：贯彻落实新时期治理超限超载工作内容，牢固树立"以人为本、安全发展"理念。其内容包括：深入贯彻《超限运输车辆行驶公路管理规定》；超限超载运输的危害性；治超的必要性、紧迫性和重要意义；实施货运车辆超限超载认定新标准；开展三个治超"专项行动"的具体内容。活动现场以悬挂横幅、设置展板、发放宣传资料、通过设置咨询台对治超法律政策讲解活动，进一步扩大了此次宣传工作的覆盖面和影响力。活动中，各地治超办、各部门发放宣传读本2000余册，宣传单12万余份，制作条幅90余条，使现场广大群众对超限超载运输的危害性、治超新举措有了更加深入的了解，营造了良好的治超舆论氛围。
>
> 活动当日，青海省治超办深入海北地区超限站、收费站，对宣传活动进行了现场督导检查。
>
> ——资料来源：青海省交通运输厅

三、模块化货车列车试点

2016年，交通运输部组织重点货运车辆生产企业及有关科研单位就中置轴货车列车性能测试方案进行了研讨与完善，指导完成了模块化货车列车车辆技术及性能测试工作，组织中国邮政、顺丰速运、盛辉物流等国内10家骨干运输企业开展模块化货车列车试点方案编制工作，并进一步完善方案内容，为2017年开展试点做好准备。

第二节　甩挂运输试点成效显著

截至2016年年底，全国累计启动4批209个公路甩挂运输试点项目，先后为121个项目下拨补助资金8.1亿元，初步形成了东中西均衡发展、各批次持续推进的良好局面。通过大力发展甩挂运输，累计为全社会节约物流成本近300亿元，节约燃油约21万吨，减少二氧化碳排放约64.6万吨，对优化货运市场结构、促进物流业降本增效、推进行业节能减排发挥了重要作用。交通运输部总结"十二五"期公路甩挂运输试点工作，收集整理优秀案例，组织编写了《甩挂运输发展典型案例集》，促进行业企业借鉴学习，

更好地发挥了试点带动作用。

2016年，交通运输部组织完成了年度公路甩挂运输试点项目专项资金申报及审核工作，印发了《关于做好2016年度公路甩挂运输试点专项资金申报工作的通知》（交办函运〔2015〕1057号），组织专家对11个省、自治区、直辖市初审后上报的14个项目专项资金申请进行了审查，核定给予镇江兴港国际物流有限公司甩挂运输试点项目等11个项目补助资金4107万元，进一步促进了货运行业的集约发展，有效带动了货运物流行业的提质增效，有力支撑了多式联运的发展。

> **专栏12-4　开封鼓励发展公路甩挂运输**
>
> 2016年，河南省开封市交通运输局出台四项措施推动现代物流业发展，并鼓励发展公路甩挂运输，提供货运高效、低耗供给，以实现供给侧结构改革的目标。
>
> 开封市交通运输局提出要构建六大现代化综合物流园区，分别为（河南）自贸试验区筹建物流园、临港物流园、汽车零部件制造业物流园、芦花岗综合物流园、化工及制造业物流园、杞县冷链物流园；重点推进专业化现代物流项目，力争2020年前基本完成城市配送工程、电子商务物流工程、智慧物流等项目建设；并大力扶持现代物流企业，立足提升开封区域物流节点集散辐射能力和与郑州物流中心的功能对接，力争到2020年，建成6个大型物流园区；还要创新物流模式提高货物运输效率，扶持市内运输企业做大做强、鼓励外地企业在开封市落户。
>
> ——资料来源：中国交通报

第三节　无车承运人试点稳步推进

为贯彻落实国务院相关工作布置，交通运输部积极探索促进无车承运人发展政策措施。无车承运人是指企业以承运人身份与托运人签订运输合同，承担承运人责任和义务，通过组织、整合并委托社会上其他承运人及运输工具资源完成运输任务来履行运输合同的经营者。近年来，随着移动互联网技术与物流行业的深度融合，涌现出分别从物流链不同环节和角度切入无车承运业务模式的企业。

2016年8月，交通运输部印发了《关于推进改革试点加快无车承运物流创新发展的意见》（交办运〔2016〕115号），在全国启动无车承运人试点工作，旨在探索完善无车承运人许可准入、运营监管、诚信考核、税收征管等环节的管理制度，建立健全无车承运人在信息共享、运输组织、运营服务等方面的标准规范，推动大数据、云计算等先进技术在物流领域应用，通过支持鼓励互联网与货运物流的融合发展，规范市场主体经营行为，优化行业发展格局，推动货运物流行业转型升级。截至2016年年底，全国已有29个省将审查确认的283家试点企业名单报送交通运输部。

交通运输部还积极与相关部门配合，完善无车承运相关法规制度。增值税缴纳政策方面，交通运输部协调国家税务总局等部门，结合行业发展实际，明确无车承运业务增值税缴纳政策，相关政策已经在《财政部 国家税务总局关于全面推开营业税改征增值税试点的通知》（财税〔2016〕36号）中予以明确，对于促进无车承运业态规范化发展发挥了积极作用。运行监测与业务培训方面，交通运输部组织起草《关于做好无车承运人试点运行监测工作的通知》（交办运函〔2017〕256号），进一步加强对无车承运人试点运行情况的监测，有效防控风险，促进无车承运人规范化运营。此外，组织对各省市区市交通运输部门100余名人员开展无车承运试点工作业务培训，指导各地根据试点要求做好试点推进工作。

专栏 12-5　上海积极推进无车承运物流试点

为鼓励无车承运物流创新发展，提升服务能力，推进物流供给侧结构性改革，促进物流业"降本增效"，上海市交通委发布关于贯彻落实《交通运输部办公厅关于推进改革试点加快无车承运物流创新发展的意见》（交办运〔2016〕115号）的实施意见，并组织各区运输管理部门召开推进无车承运试点工作动员布置会，启动本市无车承运人试点。

根据安排，试点工作分四个阶段推进：一是宣传启动。广泛宣传无车承运人试点工作，2016年11月15日前完成企业申报工作。二是评审上报。2016年11月30日前完成对申报企业的评审，确定试点企业名单和企业实施方案。三是跟踪实施。2016年12月至2017年11月，试点企业按照试点方案认真组织实施，本市运输管理部门加强跟踪督导。四是总结评估。2017年12月15日前管理部门、试点企业要分别对试点工作进行总结评估。

下一步，上海市交通委将坚持"模式多样、标准严格、全程跟踪"原则，严格筛选试点企业，科学论证并审核企业试点方案，在货源组织、车辆资源整合、仓储物流资源整合、交易信息整合、中小货运企业服务平台等各种不同模式特点的企业中择优选择若干参加试点，同时注重试点过程中的跟踪评估，并依法加强对试点企业运行监管和诚信考核。

——资料来源：上海市交通委员会

第四节　农村物流与冷链物流有序发展

一、加快推进农村物流健康发展

为加快推进县、乡、村三级农村物流网络节点建设，交通运输部印发了《关于进一步加强农村物流网络节点体系建设的通知》（交办运〔2016〕139号）和《农村物流网络节点体系建设指南》，按照资源共享、多站合一、功能集约、便利高效的原则，推动交通运输、商贸物流、邮政快递、供销等网络设施融合发展，全面提升农村物流服务水平。

专栏 12-6　国内首个乡村物流共享系统在重庆上线

2016年，菜鸟网络中西部首个"县域智慧物流+"运营中心在重庆市江津区建成运营。这是我国首个乡村末端物流线路共享系统，将帮助江津区184个建制村实现村村都能通快递，村村都能寄快递。新系统上线后，原本需要村民到城区自提的快递包裹，将先统一进入江津菜鸟运营中心，按照地理分布分配到所属干线线路后，再由社会运力或物流公司派送到村中，通过社会化协同方式，以降低城市和农村物流成本。据悉，此前试运行期间，江津菜鸟运营中心已实现30%的货物能够当日送达、100%次日送达，相关商家物流运营成本降低50%以上。

此外，借助菜鸟"县域智慧物流+"推出的"橙运"APP，江津区内商户和个人可通过手机下单寄快递；物流公司或货车驾驶员想接单，也只需发布自己合适的运送时间和路线。共享系统通过大数据算法，将货源连接到最合适的运力，形成更好的物流服务。

——资料来源：中国交通新闻网

专栏12-7　四川推进农村物流网络化发展

2016年,四川省运管局印发了《关于进一步加快我省农村物流运输发展的实施意见》(以下简称《意见》)。根据《意见》,四川省将以推进农村物流网络化发展、降本增效为目标,培育一批理念创新、运作高效、服务规范、竞争力强的农村物流企业。《意见》明确,四川省将加强农村物流基础设施建设;拓展客运站服务功能;发挥客运车辆通村达户的运输优势,开展客车附搭小件货物运输,发展农村物流配送体系;进一步推广运邮共建,积极引入商贸、供销等部门,开展运邮合作和连锁配送业务,鼓励物流骨干企业在贫困地区设立物流网点,形成辐射城乡的物流配送体系。

——资料来源：中国交通新闻网

二、促进冷链物流健康发展

为贯彻落实国务院领导批示精神,加快促进冷链物流发展,交通运输部组织相关专家赴河南省对冷链物流发展情况进行了深入调研,向部领导提交了"交通运输促进冷链物流发展专题调研情况汇报",明确了下一步交通运输部推进冷链物流发展的总体思路和重点工作。同时在《道路运输条例》修订中,增加了对冷链运输管理的相关条款。此外,交通运输部积极配合国家发展改革委等部门联合起草《关于加快冷链物流发展保障食品安全促进消费升级的意见》。

专栏12-8　湖州推进冷链物流项目建设

2016年,浙江省湖州市发布《湖州市"十三五"现代物流业发展规划》,提出积极推广城市快速消费品、农副产品（生鲜食品）和医药三大领域中的共同配送模式以及冷链物流项目建设。根据《规划》,湖州将加快到周边城市的冷链物流运输专线的建设,并建设冷链物流通道,在车辆基础上,配套冷冻、冷藏、保温设备及其相关基础设施建设。此外,湖州将加快推进国家交通运输物流公共信息平台园区通与企业通应用,推动物联网、云计算等技术在产品可追溯、在线调度管理、全自动物流配送、智能配货等领域应用。

《规划》指出,"十三五"期湖州市将建设成为地区级流通枢纽示范城市,辐射长江经济带;促进本地优势产业与承接产业的协同物流供应链体系发展;完善以城市民生保障为核心的特色物流供应体系建设;促进物流信息化发展为核心的智慧物流体系建设。还将从物流基础设施、物流组织运行优化、物流信息平台以及服务与城市的特色物流项目为抓手,建设若干重点物流产业工程。

——资料来源：中国交通新闻网

第十三章 运输服务信息化

为加快推进"智慧交通"建设,切实以信息化、网络化的手段提升运输服务能力,各级交通运输部门充分结合"互联网+"概念,积极应对新业态、新形势,主动破解行业变革难题,重点部署落实客运联网售票建设、12328电话系统联网等重要工作,有力提高行业管理水平。

第一节 全国道路客运联网售票不断完善

全国道路客运联网售票日新月异。2016年,交通运输部下发了《关于开展道路客运联网售票系统部省联网工作的通知》(交办运〔2016〕82号),督促各地加快省级平台建设和与部级平台联网,推进道路客运联网售票民生实事、京津冀联网售票工程等工作。截至2016年年底,全国已有28个省份启动了联网售票系统建设,其中24个省份已建成或基本建成,4个省份正在开展系统建设,占全国的87.5%。全国一级客运站平均接入率为78.53%,二级客运站平均接入率为68.26%,二级及以上客运站平均接入率为71.34%。15个省份初步实现部省联网。

专栏13-1 甘肃省81个区(县)实现道路客运联网售票

2016年,甘肃省建成甘肃公众道路客运联网售票运营服务平台,搭建清分结算、客运信息监测统计分析及辅助决策等数据中心,全年新增联网售票客运站46家,全省具备条件的三级以上客运站全部实现联网售票功能,覆盖14个市(州)和81个区(县)。打造www.gs12328.com售票网站自营平台,全年实现网络售票47万张,售票金额3200万元,分别是上年的8倍和6倍,尤其是节假日等客流量高峰期,网上售票数量达到20%左右,有效解决了重点时段群众扎堆购票、"票难买、车难坐"等问题。

资料来源:甘肃省交通运输厅

专栏13-2 四川省道路客运联网售票工作稳步推进

四川交通运输厅按照道路客运联网售票省级行政区覆盖70%以上,力争基本全覆盖的要求,不断加大督办督查力度,多措并举,将车站联网情况与客运站收费费率挂钩,持续推进道路客运联网售票工作。目前,四川省道路客运联网售票系统规划建设的"两个中心"(全省道路客运数据中心、全省道路客运联网售票数据中心)和"四大系统"(联网售票系统、公众出行系统、清分结算系统、行业监管决策及辅助系统)已全部完成系统建设,并开始投入试运行;已实现联网售票的车站共有197个,电子客票试点工作正在全面推进,德阳汽车南站已经全面启动了电子客票试点工作,南充嘉陵车站电子客票正在试运行;全省道路客运联网售票系统还开通了联网售票手机APP、支付宝付款购票等功能,丰富了购票方式,进一步满足了群众购票出行个性化需求。

资料来源:四川省交通运输厅

第二节　运政信息系统互联互通加快推进

为促进政务管理能力，各级道路运输管理部门有效加强政务信息共享。按照"先联后统再提升、边联边用出成果"的思路，交通运输部与部通信信息中心推进运政管理信息系统省省联网和跨省应用。截止到 2016 年，27 个省实现了运政系统互联互通，定时报送 19 项核心指标、实时报送人车户基本信息，运政管理效率得到有效提升。

> **专栏 13-3　福建在全国率先完成运政信息系统互联互通**
>
> 2016 年年底，交通运输部通报全国道路运政管理信息系统互联互通工作开展情况，指出福建、山西 2 省率先完成年度运政互联互通工作。福建省于 2014 年 12 月 15 日、2015 年 2 月 9 日率先启动宁德、福州运政系统试点，逐步推广应用。福建运政系统实现大集中部署，所有运政工作人员使用统一运政系统进行业务操作，数据集中存储于省级数据中心，实现全省业务流程标准化、数据集中规范化、数据清理常态化、系统互联互通立体化。
>
> 资料来源：福建省交通运输厅

第三节　12328 交通运输服务监督电话成效显著

12328 电话系统深入推进并取得显著成效。截至 2016 年年底，共有北京等 30 个省份和新疆生产建设兵团实现了 12328 系统部、省、市三级联网运行。12328 电话系统开通以来，服务水平持续优化，运行质量稳定向好，社会认可度和美誉度逐步提升。2016 年，12328 电话系统共受理有效业务 3233.51 万件，业务量持续快速增长，其中 10 秒内接通率平均为 74.1%，即时答复率为 83.2%，业务办结率为 87.7%，处理满意率为 80.5%。

> **专栏 13-4　青海省 12328 交通运输服务监督电话业务培训班开班**
>
> 2016 年 3 月 7 日，青海省 12328 交通运输服务监督电话业务培训班在西宁举办，各市州交通局、厅属相关单位相关人员共计 80 余人参加。本次培训为期 9 天，具体由省路网中心承办，学习内容涉及省 12328 电话的建设背景、业务操作规范、服务礼仪及全省交通运输各行业相关专业知识。通过本次培训，进一步提升 12328 电话系统运行质量和服务水平，加强各地区 12328 电话话务员、管理人员以及工单转办人员的业务能力，提高人员素质，保障 12328 电话系统运行效率和服务质量，切实的为社会公众提供便捷、高效的沟通渠道。
>
> 资料来源：青海省交通运输厅

第四节　"互联网+"汽车维修业深度融合

为深入推进"互联网+"汽车维修业发展，2016 年，交通运输部启动了汽车维修电子健康档案系统建设试点,在江苏、湖北、杭州"两省一市"开展了试点,针对维修行业存在问题,以提高服务品质,提升行业信息化监管水平为目标,对系统建设方案和系列标准进行验证,为全面推进系统建设创造条件。

> **专栏 13-5　浙江省积极推进汽车维修电子健康档案系统建设工作**
>
> 　　作为试点省之一,浙江省依托阿里云服务,建设完成包含 1 个省级平台和 11 个地市分平台的全省汽车维修电子健康档案系统,并融入部"1+32"架构。与行业管理部门、汽车生产企业、维修企业等建立定期联络和会商制度,形成工作合力;建立了系统推广工作机制。针对维修企业数量多、分布广、规模差异大的特点,确定了"先大企业后小企业,先市本级后县级"的工作思路,对电子健康档案系统进行全面推广;建立了考核通报工作机制。将汽车电子健康档案系统推广应用工作列为省局对各地市的年度考核,对数据上传、数据质量、车主评价等情况分地市统计,按月度进行排名通报。杭州作为全国首批试点中唯一一个市级城市,目前也已完成一类维修企业数据 100% 上传。
>
> 　　——资料来源:浙江省交通运输厅

第五节　交通一卡通互联互通有序推进

　　城市交通一卡通是一项便民服务工程,能够促进综合交通加快融合,提升居民出行便利化程度,交通运输部高度重视交通一卡通互联互通建设情况。截至 2016 年年底,全国已有 112 个城市实现交通一卡通互联互通,京津冀、长三角地区在交通一卡通互联互通推进中保持领先,北京、天津、石家庄等 12 个京津冀地区城市,已完成了全部或部分公交线路交通一卡通系统的升级改造,与全国清分结算体系实现了对接。交通一卡通互联互通建设的有序推进改善了城市居民出行的服务体验,有效提高了我国城市交通运输的服务质量。

> **专栏 13-6　京津冀交通一卡通互联互通加快推进**
>
> 　　京津冀交通一卡通互联互通是落实京津冀协同发展战略、促进京津冀交通一体化的重要内容。截至目前,北京、天津、石家庄、沧州、保定、张家口、承德、廊坊、邯郸、秦皇岛、邢台、衡水 12 个城市,已完成了全部或部分公交线路交通一卡通系统的升级改造,与全国清分结算体系实现了对接,初步实现了交通一卡通互联互通。其中,北京市已完成 139 条公交线路的升级改造,正在加紧开展市区剩余公交线路的升级改造,启动了在城市轨道交通改造交通一卡通系统的前期准备工作。天津市已完成滨海新区和武清区全部公交线路交通一卡通系统的升级改造,正在开展中心城区常规公交线路的升级改造工作。河北省完成了石家庄、沧州、保定、张家口、承德、廊坊、邯郸 7 个城市市区全部 428 条公交线路,12000 余部公交车,以及秦皇岛、邢台、衡水 3 个城市部分公交线路的升级改造,力争年内实现省内 11 个地级市全部完成交通一卡通系统的升级改造工作。由于系统较为复杂,技术难度高,工作涉及面广量大,升级改造需逐步进行,交通一卡通互联互通尚处在试运行阶段,还需要进一步增加范围、增加覆盖、增加应用,有可能出现刷卡设备、卡片信息、后台系统等方面的技术问题。各地在试运行过程中,将提前制订工作预案,针对出现的问题及时予以解决。
>
> 　　——资料来源:中国交通新闻网

第六节 重点营运车辆联网联控运行良好

自 2014 年交通运输部组织开展重点营运车辆联网联控建设以来，车辆动态监管工作不断取得新的进展和成效，联网联控系统在顶层设计、运营架构、配套规章、标准体系等方面不断完善，在数据质量、分析应用、日常监督等方面不断强化，在建立事中事后监管机制、预防和减少道路运输事故方面的管控作用不断增强，对于提升行业监管能力和服务水平、促进行业科学发展、安全发展发挥了重要支撑作用。

一、联网联控系统运行状态持续良好

截至 2016 年年底，全国 31 个省级平台已全部接入全国重点营运车辆联网联控系统，接入系统的业户数共 21953 家，接入系统的运营商 1100 多家。联网联控系统"两客一危"车辆入网总数 70.11 万辆，入网率 98.61%，上线率 93.79%，全国重点营运车辆上线率超过 92%，超额完成民生实事目标任务。同时，运输企业将联网联控系统作为安全管理的强有效抓手，通过平台查岗、车辆报警、定期考核、事后追究等方式，实现对车辆运行情况、驾驶员驾驶行为的一体化管控。联网联控系统的应用使对重点营运车辆的监管由原有的静态管理向动态管理转变，各级管理部门建立健全考核通报和定期抽查工作机制，实现道路运输违法违规数量的逐年下降。

二、动态监督制度体系逐步完善

目前，全国重点营运车辆联网联控系统已经形成了"一个部令、两个办法、一个工作规范、六项标准"的规章和标准规范体系。

2016 年，交通运输部对《全国重点营运车辆联网联控系统考核管理办法》（交运发〔2014〕267 号）进行了修订，并于 2016 年 9 月以交运发〔2016〕160 号印发；同时，对《关于进一步做好道路运输车辆卫星定位系统车载终端和平台标准符合性技术审查工作的通知》（交运发〔2015〕18 号）进行了修订，出台了《道路运输车辆卫星定位系统车载终端和平台标准符合性技术审查工作规范》。为加强道路货运车辆动态监控服务商监管，交通运输部出台了《道路货运车辆动态监控服务商服务评价办法》（交办运〔2016〕169 号）。此外，交通运输部还同时出台了《关于进一步做好道路运输车辆卫星定位系统车载终端和平台标准符合性技术审查工作的通知》（交运发〔2016〕445 号），车辆上线率逐步提升效果显著。

三、标准符合性技术审查有序推进

截至 2016 年年底，交通运输部累计公告车载终端共 19 批、864 个型号（GPS 单模和 GPS/北斗双模分别为 283 个和 581 个），平台共 18 批、772 个（省级平台 31 个、地市平台 22 个、非经营性企业平台 17 个、经营性企业平台 702 个），有效解决了标准执行的一致性问题，较好地满足了道路运输行业动态监管工作，并为全国重点营运车辆联网联控系统的稳定运行提供了保障。

四、综合监管体系得到有效深化

交通运输部、公安部、国家安监总局定期联合召开道路运输安全工作会议，强化工作统一部署，跨部门综合监管格局形成，跨区域综合监管初步显现。上海市从 2016 年 7 月将外省籍进沪重点营运车辆接入

上海市重点营运车辆联网联控平台，将不合规车辆拦截在辖区之外，同时将进沪车辆纳入到辖区监控之内。跨平台综合监管进一步拓展，部分省市在构建交通、公安、安监"一车三方"的基础上，深化与保监、旅游、环保、高速公路管理等部门联动，进一步扩大信息采集面，实现行业安全管理的多方借力，提升行业监管合力和监管效能。

第十四章　国际运输合作与交流

2016年以来，国家和地区之间通过双边、多边合作，国际道路运输合作取得一系列丰硕成果，国际道路运输成为促进我国与世界各国经贸、人文往来的重要桥梁和纽带。

第一节　国际道路运输便利化程度提升

一、推进国际道路运输便利化布局

2016年7月，交通运输部发布了《综合运输服务"十三五"发展规划》，围绕服务国家"一带一路"战略，从统筹集装箱国际班列协调发展、完善国际运输互联互通网络、推动陆路口岸通行便利化、拓展国际航空航运市场、支持跨境寄递发展等进行了全面部署。

2016年10月，交通运输部组织召开专题会议，布置落实深入贯彻落实推进"一带一路"建设，加快构建内连外通的国际道路运输大通道，强化国际道路运输便利化合作机制，促进国际道路运输提质增效，为推进"一带一路"建设、打造全方位对外开放新格局提供坚强运输保障。加快推进国际道路运输便利化，推动设施联通和口岸通关便利化：要与"一带一路"沿线主要国家建立健全国际道路运输合作关系和工作机制，打通与周边国家的经济走廊运输通道，提高运输效率和服务水平；要加快基础设施互联互通建设，完善法规标准化体系，提高口岸通关效率，改善便利运输环境，加快提高发展质量和竞争力，建设应急救援保障体系。

二、国际道路运输便利化工作重点

2016年12月，交通运输部等八部委联合发布《关于贯彻落实"一带一路"倡议加快推进国际道路运输便利化的意见》（交运发〔2016〕206号）（以下简称《意见》），明确到2020年初步建成开放有序、现代高效的国际道路运输体系，便利化水平显著提高。《意见》围绕如何加快推进国际道路运输便利化，明确了指导思想、发展目标和基本原则，即坚持效率优先、坚持规范发展、坚持强化服务、坚持协同推进，通过破解制约便利化的矛盾和问题，加快构建国际道路运输大通道，强化合作机制，优化发展环境，促进国际道路运输提质增效升级。同时，从加快基础设施互联互通建设、加快完善法规标准体系、加快提高口岸通关效率、加快改善便利化运输环境、加快提升发展质量和竞争力以及加快应急救援保障体系建设共六个方面明确了推进国际道路运输便利化的政策方向，部署了重点任务。从完善工作机制、落实财政事权和支出责任划分改革、加强队伍建设、加强宣传引导等四方面提出了保障措施，确保各部门在职责范围内抓好落实，确保各项任务和措施落实到位。

《意见》提出要加快完善国际道路运输便利化协定体系，研究加入国际道路运输便利化相关公约，完善行业法治体系建设，推进技术标准与国际接轨。在加快提高口岸通关效率方面，要大力推进通关"单一窗口"和"一站式作业"，建立健全信息共享机制，拓展便利通关措施。在加快改善便利运输环境方面，重点是维护运输市场秩序，推进简政放权优化服务，加强口岸规范执法。在加快提高发展质量和竞争力方面，重点是引导国际道路运输企业转型升级，提升国际道路运输企业境外经营能力。在加快建设应急救援保障体系方面，重点是加强应急预案的制定和管理，提升突发事件应急处置能力。

专栏 14-1 广西力推国际道路运输便利化

2016 年 8 月，广西壮族自治区政府正式印发《广西构建面向东盟国际大通道实施方案》（以下简称《方案》）。《方案》针对广西口岸存在的问题，提出以东盟国家为主要方向，以互联互通项目建设为主要抓手，拓展海上国际大通道、完善陆路国际大通道、提升空中国际大通道、建设内河国际大通道、打造信息国际大通道、大力发展多式联运。

根据《方案》，在完善陆路国际大通道建设方面，广西将优化现有的口岸货运车辆换装区域功能设置，解决口岸限定区内场地狭小，换装效率低下等问题；合理布局口岸联检大厅及查验区域，按照直达运输模式要求完善口岸查验设施，配齐查验车辆及人员，提高直达运输的口岸通关效率；积极推动实施便利客货跨境运输协定，研究制定加快通关便利化的政策措施。

广西不断深化以东盟为重点的国际交通运输合作，积极落实"陆路东盟"战略，国际道路运输便利化工作取得初步成效。截至 2016 年 8 月，已开通国际道路运输线路 14 条，其中客运线路 9 条，货运线路 5 条，并实现了广西与越南公务车辆相互开行。

——资料来源：交通运输部网站

第二节 国际道路运输交流成果丰富

2016 年，交通运输部完成了中蒙俄《沿亚洲公路网政府间国际道路运输协定》商签工作并成功组织试运行，助力"一带一路"与俄罗斯欧亚经济联盟建设、蒙古国"草原之路"倡议相对接；与德国联邦环境、自然保护、建筑与核安全部就两国在低碳交通方面的政策措施进行了多次交流；完成了《上合组织成员国政府间国际道路运输便利化协定》的生效程序；签订了《中哈俄国际道路临时过境货物运输协议》并组织开展试运行活动；推动中巴经济走廊"两大"公路建设项目正式开工，确定了后续优先项目工作安排，实现了走廊建设的可持续滚动发展；基本实现《大湄公河次区域交通发展战略规划（2006—2015）》确定的目标，初步形成了该区域 9 大交通走廊，推进相关国家就全面实施和修订《大湄公河次区域便利货物及人员跨境运输协定》达成了时间表和具体安排，推动该区域互联互通向纵深拓展。

双边及多边国际道路运输合作取得积极进展。2016 年 2 月，中哈俄多边过境道路运输开通，中方货车可从新疆经哈萨克斯坦直达俄罗斯。中国至尼泊尔、吉尔吉斯斯坦、哈萨克斯坦等国的国际道路运输线路均有所增加。

一、中俄两国交通运输部门就道路货运协定达成广泛共识

2016 年 8 月 5 日，中俄总理定期会晤委员会运输合作分委会第二十次会议在俄罗斯伊尔库茨克举行。双方就交通运输领域推进丝绸之路经济带建设与欧亚经济联盟建设对接务实合作进行了深入磋商并达成广泛共识。会后，双方签署了分委会第二十次会议纪要。2016 年是中俄战略协作伙伴关系建立 20 周年，适逢分委会机制成立 20 周年，具有里程碑意义。双方充分利用该机制就彼此关切的重大问题深入磋商，聚焦务实合作，为两国人民带来实实在在的利益，为实现两国的共同发展与繁荣和中俄全面战略协作伙伴关系的发展做出更大贡献。自上次会议以来，双方在铁路、公路、水运、民航、口岸及过境运输领域合作取得积极进展，两国跨境基础设施建设稳步推进，过境运输通道不断拓展，人才技术交流更加广泛，交通运输双边多边合作空前活跃，各方面的合作前景更加美好。为深化中俄交通运输未来合作，中国交通运输部提出三点建议：一是全面加强两国交通运输领域对接发展，为实现中俄互联互通提供运输保障；

二是抓紧落实中俄两国领导人关注的重要合作项目;三是加大两国交通人才培养、科技合作力度。

> **专栏 14-2　中蒙俄国际道路货运活动**
>
> 　　2016 年 8 月 18 日上午,由中国交通运输部、蒙古国交通运输发展部、俄罗斯联邦运输部共同组织的"中蒙俄国际道路货运试运行活动"在中国天津港启动。三国车队从天津港出发,沿亚洲公路网 3 号公路,一路向北经蒙古首都乌兰巴托,至俄罗斯联邦布里亚特共和国首府乌兰乌德,全程 2152 公里。这是中国"一带一路"倡议、蒙古"草原之路"计划和俄罗斯"大欧亚伙伴关系"战略在交通运输领域进行对接的有益尝试。
>
> 　　三国车队由 9 辆货车组成,从天津港装卸货物并参加发车仪式后,18 日上午从太平洋国际集装箱码头出发,途经北京、河北、内蒙古,从二连浩特口岸出境进入蒙古国扎门乌德口岸,再经乔伊尔、乌兰巴托、达尔罕,从阿勒坦布拉格出境进入俄罗斯恰克图口岸,终点到达乌兰乌德,全程历时 7 天。其中,中国境内段 900 公里,几乎全程高速公路;蒙古境内段 1012 公里;俄罗斯境内段 240 公里。此次试运行活动旨在推动实现中蒙俄三国间的过境道路运输,为三国进一步完善相关法规、标准体系、促进国际道路运输便利化奠定基础。三国将共同致力于打造中蒙俄国际道路运输精品线路,促进中蒙俄经济往来,为"中蒙俄国际经济合作走廊"建设提供道路运输服务保障,为在其他国际经济合作走廊开展国际道路运输活动提供示范。
>
> 　　经过二十多年的发展,中蒙、中俄之间已分别开通了 21 条和 74 条道路客货运输线路。我国与蒙古、俄罗斯国际道路客货运量节节攀升,2015 年,我国与蒙古和俄罗斯之间完成客运量 370 万人次、货运量 2461 万吨,分别占我国与所有国家完成的国际道路客货运输量的 52% 和 65.7%。
>
> ——资料来源:交通运输部网站

二、中德两国就低碳交通进行多次交流

中德低碳交通合作项目自 2015 年 3 月启动以来,开展了大量卓有成效的工作,就多式联运、碳足迹管理、绿色货运行动等议题进行了交流与研讨。

2016 年 6 月 27 日至 28 日,由中国交通运输协会联运分会和德国国际合作机构(GIZ)联合主办的"中德多式联运发展研讨会"在北京举行,会议围绕促进多式联运发展的政策措施、多式联运助力"一带一路"、多式联运基础设施建设与高效利用、多式联运发展探索与实践四个议题展开了深入的交流探讨。德国在推进多式联运发展的政策法规、基础设施、技术标准、服务规范等方面积累了丰富的经验,本次研讨会的举办将强化中德两国在交通运输方面的交流与合作,为加快推进我国多式联运发展提供新理念、新思路和新方法。

为推动道路货运企业对能源消耗与二氧化碳排放进行统计量化,2016 年 3 月,德国国际合作机构与中国外运山东有限公司启动了"物流企业碳足迹管理"的试点工作,对企业统计工作、数据结构及数据采集方法进行分析,并开展碳足迹统计与计算。该试点经验将为制订运输与物流企业碳排放统计计算指引提供基础。同时,中德低碳交通合作项目与中国道路运输协会就绿色货运行动计划开展合作,聚焦于绿色货运管理、绿色卡车技术及绿色驾驶,介绍了德国绿色货运方面的经验,在行业内对成功经验进行交流与推广。

2016 年 11 月,德国国际合作机构与北京交通节能减排中心共同举办了"国际大城市绿色货运重点政策与北京发展实践"研修班,就城市货运领域的可持续发展从货运规划、政策实践、运营模式、管理制

度等多方面进行了深入交流与探讨。

三、中巴经济走廊基础设施建设取得重大进展

2016年5月6日,中巴经济走廊最大道路基础设施建设项目——卡拉奇至拉合尔高速公路（苏库尔至木尔坦段）正式开工。该项目的顺利开工,标志着中巴经济走廊交通基础设施领域合作取得重大进展。

2016年11月10日,中巴经济走廊交通基础设施联合工作组第四次会议在北京举行。会议梳理了中巴经济走廊交通基础设施在建项目的进展,就解决项目推进中存在的问题进行了坦诚、务实的交流,并就铁路、公路、港口、机场建设等后续项目滚动实施深入交换了意见。中巴经济走廊是"一带一路"倡议的重要组成部分,走廊项下的交通基础设施建设对提升两国和相邻区域的互联互通水平具有重要意义。交通基础设施联合工作组是中巴经济走廊建设中推动交通基础设施建设的重要手段和抓手。自成立以来,双方成员共同努力、精诚合作,推动各项工作取得了卓有成效的进展,成功实现了首批项目实质性开工。

四、中老、中越等就大湄公河次区域货运及人员跨境运输协定达成多项共识

2016年12月15日至16日,中国、老挝、缅甸、泰国、越南、柬埔寨等大湄公河次区域（GMS）国家便利运输委员会联合委员会第5次会议在泰国清迈召开。会议审议了2013年年底联委会第4次会议以来各国在推动次区域运输和贸易便利化方面的工作进展,研究确定了修订和实施《GMS便利货物及人员跨境运输协定》（以下简称《便运协定》）的有关安排。各方一致通过了联委会第5次会议声明,宣布将采取务实的运输与贸易便利化措施,加快实现共同目标,为次区域人员往来和经贸合作创造更加便捷高效的条件;同意在2017年3月启动实施《便运协定》的早期成果,启用GMS道路运输许可证和机动车暂准入境单证,并争取完成对《便运协定》的全面修订,使之更加契合次区域运输和贸易的现实发展和未来需求。

专栏14-3　云南、老挝建立国际道路运输应急处置机制

5月24日,2016年滇老国际道路运输会谈在云南大理召开,云南和老挝与会代表共同研究磋商了运输合作中的问题,进一步规范了双边国际道路运输合作,搭建了双方运输企业合作机制,推动国际道路运输合作进一步发展。

会议确定了2016年中国云南与老挝国际道路运输行车许可证交换数量及新版许可证样式;建立了国际道路运输突发事件应急处置及信息通报机制;进一步完善了国际道路运输保险机制,确定了运输车辆进入对方境内需购买的商业保险险种;研究了新增普洱至会晒、勐腊至温代和景洪至相果等客货运输线路的相关事宜。

双方决定提高应急协调处置反应能力,以应对国际道路运输突发事件;加强国际道路旅客运输安全管理,督促企业规范经营;鼓励双方运输企业加强合作,开展甩挂运输合作,提高运输效率。

——资料来源：交通运输部网站

附录 1　　2016 年道路运输行业大事记

1月

4日　交通运输部下发《关于认真做好 2016 年道路水路春运工作有关事项的通知》。

12日　交通运输部部长、部安委会主任杨传堂主持召开 2016 年第一次部安委会会议。他强调，要切实把思想和行动统一到中央领导同志的要求部署精神上来，充分认识交通运输安全形势的严峻性和复杂性，切实将落实安全生产责任作为重中之重，扎实做好"十三五"和今年安全生产工作，坚决遏制重特大事故发生。

14日　交通运输部、教育部、公安部、人力资源社会保障部和中华全国总工会联合发布《道路运输从业人员素质提升工程工作方案》。

19日　2016 年全国春运电视电话会议在京召开。交通运输部党组成员兼运输服务司司长刘小明出席会议，要求各地切实强化责任意识，践行群众观念，围绕建设人民满意交通，认真贯彻 2016 年春运工作通知精神，打造便民惠民的温馨旅途，从严从实保障春运平安有序。

25日　交通运输部发布《道路运输车辆技术管理规定》（交通运输部令 2016 年第 1 号），自 2016 年 3 月 1 日起施行。

27日　中共中央政治局委员、国务院副总理马凯在北京市检查春运工作。他强调，做好春运工作是重要的民心民生工程，要坚持旅客为本、安全第一，为人民群众欢度新春佳节提供可靠的交通运输保障。

28日　公安部、交通运输部下发《关于做好机动车驾驶人培训考试制度改革工作的通知》。

春运期间，交通运输部派出 6 个检查组，分别由部领导和有关司局带队，通过明察暗访的形式，分赴 13 个春运重点省份开展了春运和交通运输安全检查；同时组织 7 个省份开展了省际的交叉检查。部党组书记、部长杨传堂对此次春运检查做出批示，他强调，努力打造平安春运、温馨春运、诚信春运，为全国人民欢度新春佳节提供坚实有力的交通运输保障。

2月

2日　交通运输部办公厅下发《关于贯彻实施〈道路运输车辆技术管理规定〉的通知》。

3日　公安部、交通运输部、中国保险监督管理委员会联合发布《关于机动车驾驶证自学直考试点的公告》。

3月

3日　2016 年春运圆满收官。40 天里，全国共有超过 29.1 亿人次旅客搭乘各种交通运输工具出行，比上年同期增长了 3.8%。其中道路 24.95 亿人次、同比增长 3%。大交通、大服务、大数据、大安全，诠释了今年春运的主题。

8日　交通运输部办公厅发布《关于开展汽车电子健康档案系统建设试点工作的通知》。

	14日	十二届全国人大四次会议举行"深化出租汽车改革与发展"记者会，交通运输部部长杨传堂、部党组成员兼运输服务司司长刘小明、北京交通发展研究中心主任郭继孚一同回答了中外记者的提问。
	16日	交通运输部、公安部和国家安监总局联合发布《关于印发2016年"道路运输平安年"活动方案的通知》。
	28日	交通运输部、公安部、国家安监总局共同召开2016年"道路运输平安年"部署电视电话会议暨2016年一季度道路运输安全生产形势分析工作会。交通运输部党组成员李建波出席会议并强调，各级交通运输部门要牢固树立红线意识、底线思维，站在维护社会稳定、保障民生的高度，进一步增强做好安全生产工作的责任感、使命感和紧迫感，以"踏石留印、抓铁有痕"的实干精神，全力促进全国道路运输安全生产形势稳定好转。
	31日	交通运输部印发《"我的公交我的城"重大主题宣传活动方案》，要求各省（区、市）交通运输主管部门和有关单位在部统一部署下，高度重视，精心组织，认真落实，积极配合，共同做好宣传工作，为公共交通发展营造良好舆论氛围。
4月	2日	交通运输部下发《交通运输部货运枢纽（物流园区）投资补助项目管理办法（暂行）》。
	10日	以"运输服务行业治理体系和治理能力现代化建设"为主题的2016年全国运输服务厅局长研讨班在福建省福州市开班。开班前，交通运输部部长杨传堂对研讨班做出批示。交通运输部党组成员兼运输服务司司长刘小明作主题讲话。
	11日	交通运输部印发《关于推进春运服务举措常态化 持续提高旅客运输服务质量的通知》，要求各地交通运输主管部门认真梳理总结春运期间方便群众出行的好做法，积极发展联程运输，持续加强运输衔接，创新旅客购票服务，加快推动春运便民服务举措常态化，持续提升旅客出行满意度和获得感。
	11日	交通运输部下发《关于进一步规范限量瓶装二氧化碳气体道路运输管理有关事项的通知》。
	13日	国家旅游局、交通运输部发布《关于进一步规范导游专座等有关事宜的通知》。
	15日	翻译并出版《危险货物国际道路运输欧洲公约（2015版）》健全完善我国危险货物道路运输的管理制度体系。
	19日	交通运输部下发《关于修改〈机动车维修管理规定〉的决定》（交通运输部令2016年第37号）。
	20日	交通运输部办公厅发布《关于进一步规范〈道路运输车辆技术管理规定〉实施工作的通知》。
	29日	交通运输部下发《关于进一步加强当前道路运输安全管理工作的通知》。
5月	9日	交通运输部发布《关于公布〈机动车驾驶员计时培训系统平台技术规范〉等两项技术规范的公告》。

17日	2016年第一期全国交通运输局长、运管局长培训班在交通运输部管理干部学院开班。交通运输部党组成员兼运输服务司司长刘小明作动员讲话。
23日	中乌（兹别克斯坦）政府间合作委员会交通合作分委会第四次会议在乌兹别克斯坦首都塔什干举行。中国交通运输部副部长戴东昌和乌兹别克斯坦国家铁路股份公司总裁拉玛托夫作为分委会双方主席分别率中乌代表团与会。会上，双方就深化中乌国际道路运输合作进行了广泛而深入的讨论，决定共同采取必要措施，加快完成《中乌两国政府间国际道路运输协定》的签署准备工作。
23日	第二届"寻找中国运输风范人物领袖品牌"活动在交通运输部机关正式发布评选结果并举行事迹报告会。
25日至27日	交通运输部党组书记、部长杨传堂到陕西省西安市、安康市、铜川市，就秦巴山区交通扶贫脱贫、陕甘宁革命老区红色旅游路建设和农村公路、农村客运及内陆港发展、多式联运等工作开展调研。

6月

1日	交通运输部部长杨传堂主持召开部务会，传达学习中央政治局会议精神，审议并原则通过《关于进一步做好货车非法改装和超限超载治理工作的意见（送审稿）》、《交通运输部关于推进供给侧结构性改革促进物流业"降本增效"的若干意见（送审稿）》。他强调，要进一步做好货车非法改装和超限超载治理工作，推进供给侧结构性改革促进物流业"降本增效"。
14日	交通运输部办公厅与国家发展改革委办公厅联合公布了第一批多式联运示范工程项目名单，驮背运输（公铁联运）示范工程、河北省"东部沿海—京津冀—西北"通道集装箱海铁公多式联运示范工程等16个项目入选。
17日	交通运输部、公安部、国家安监总局、中华全国总工会、共青团中央五部门联合印发通知，对在2016年春运"情满旅途"活动中表现突出的231个集体和320名个人予以通报表扬，以激励先进，弘扬奉献和服务精神。
21日	国务院办公厅转发《营造良好市场环境推动交通物流融合发展实施方案》，构建交通物流融合发展新体系。
23日	交通运输部召开深化出租汽车行业改革工作座谈会，各地交流改革进展情况，以会代训，为各地解读即将出台的两个改革文件的主要内容和政策要点，研究部署深化改革和维护行业稳定有关工作。
24日	交通运输部、公安部、国家安监总局召开"安全生产月"道路运输安全管理工作座谈会。交通运输部党组成员兼运输服务司司长刘小明指出，道路运输安全管理工作要突出重点，强化卧铺客车、旅游包车、危险品运输等薄弱环节管理；道路运输企业要狠抓落实，强化各项安全制度落实，加强安全培训，提升从业人员素质，做好应急演练，提升应急处置能力。
26日	交通运输部发布《关于进一步加强道路客运安全管理工作的紧急通知》。

7月

1日 交通运输部召开2016年第二季度道路运输安全生产分析暨推进运输服务行业更贴近民生实事电视电话会议。部党组成员兼运输服务司司长刘小明出席会议并讲话。对2016年"道路运输平安年"活动开展情况进行了通报，对三季度道路运输安全生产重点工作进行了安排部署，对民生实事推进情况及下一步工作计划进行了强调。

5日 交通运输部正式印发《综合运输服务"十三五"发展规划》，明确到"十三五"末，具备条件的建制村通客车比例将达到100%，重点快递企业省会及重点城市间快件72小时投递率达到90%，重点区域内城市间交通一卡通互联互通率达到100%，城区常住人口300万以上城市建成区公共交通机动化出行分担率达到60%。

8日 交通运输部办公厅发布《关于开展道路客运联网售票系统部省联网工作的通知》。

19日 中共中央、国务院研究决定，刘小明同志任交通运输部副部长。

20日 国务院总理李克强主持召开国务院常务会议，部署推进互联网＋物流，降低企业成本便利群众生活。

25日 交通运输部印发了《城市公共交通"十三五"发展纲要》。《纲要》描绘了"十三五"期我国城市公共交通发展的愿景，提出到2020年初步建成现代化城市公共交通体系，明确了"十三五"期我国城市公共交通发展的五大任务。

26日 交通运输部下发《关于贯彻落实〈国务院办公厅关于深化改革推进出租汽车行业健康发展的指导意见〉的通知》。

26日 中国签署《国际公路运输公约》（TIR），为建设通往欧洲的快速"新丝绸之路"迈出重要一步。

26日 交通运输部部长、部安委会主任杨传堂主持召开2016年第二次部安委会会议。杨传堂要求，各单位、各部门要持续全力做好汛期交通运输安全生产工作，扎实做好G20峰会等重点时段交通运输安全保障，大力推进各项安全生产专项行动，切实加强安全生产监督检查，求真务实，确保交通运输安全发展、科学发展。

27日 交通运输部会同中央维稳办、中央网信办、国家发展改革委、工业和信息化部、公安部、商务部、工商总局、国家质检总局等部门联合召开电视电话会议，贯彻落实深化出租汽车行业改革两个文件，动员全行业统一认识，迅速行动，深化出租汽车行业改革，依法加强网约车管理。交通运输部部长杨传堂出席会议并强调，各地要高度重视，稳中求进，坚决打赢这场改革攻坚战。

28日 交通运输部、中央网信办、工业和信息化部、公安部、工商总局、国家信访局联合约谈滴滴、优步、神州、易到四家网约车平台企业，要求其严格遵守相关法律法规，特别是按照新出台的深化出租汽车行业改革两个文件的要求，切实履行企业主体责任、担当社会责任，加快清理不符合要求的车辆和驾驶员，规范市场经营行为，依法诚信经营，谋求长远发展。

28日 国务院新闻办举行深化出租汽车行业改革新闻发布会宣布，经国务院同意，国务院办公厅印发了《关于深化改革推进出租汽车行业健康发展的指导意见》。交通

		运输部等七部门联合颁布了《网络预约出租汽车经营服务管理暂行办法》，将于2016年11月1日起正式实施。
	28日	交通运输部党组书记、部长杨传堂到浙江省杭州市，就G20峰会交通运输保障工作开展调研。杨传堂强调，要进一步提高认识，明确目标，落实责任，细化强化各项安保防范措施，确保高质高效完成峰会交通运输安保工作任务，全力服务G20峰会的顺利召开。
	29日至31日	交通运输部举办了深化出租汽车行业改革两个文件宣贯培训班，为各地出租汽车行业主管部门相关人员深入解读了两个文件的主要内容。刘小明副部长出席了培训班结业典礼，并就推动政策落地实施相关工作进行部署。
8月	4日	交通运输部公布《第16批道路运输车辆卫星定位系统平台和车载终端》。
	5日	中俄总理定期会晤委员会运输合作分委会第二十次会议在伊尔库茨克召开，双方就汽车运输和公路等方面合作达成共识。
	11日	交通运输部印发《关于推进供给侧结构性改革 促进物流业"降本增效"的若干意见》。
	12日	交通运输部党组书记、部长杨传堂主持召开G20峰会交通运输安保工作专题会。他强调，各部门、各单位要进一步贯彻落实中央部署要求，全面提高思想认识，实化细化安保措施，加强应急值守和督促检查，切实保障G20峰会交通运输安保工作万无一失。
	18日	交通运输部办公厅、国家发展改革委办公厅、工业和信息化部办公厅、公安部办公厅和国家质量监督检验检疫总局办公厅联合发布《车辆运输车治理工作方案》。
	18日	交通运输部联合公安部发布《机动车驾驶培训教学与考试大纲》。
	18日	交通运输部部长杨传堂主持召开部务会，他强调，要推进行业网络安全和数据资源开放共享，试点示范促进道路货运无车承运人发展。
	19日	由中国交通运输部、蒙古国交通运输发展部、俄罗斯联邦运输部共同组织的"中蒙俄国际道路货运试运行活动"在天津港启动。三国车队从天津港出发，沿亚洲公路网3号公路，一路向北经蒙古国首都乌兰巴托，至俄罗斯联邦布里亚特共和国首府乌兰乌德，全程2152公里。
	21日	交通运输部办公厅发布《关于推进改革试点加快无车承运物流创新发展的意见》。
	23日	交通运输部办公厅发布《关于认真贯彻〈机动车驾驶培训教学与考试大纲〉的通知》。
	23日	中国交通运输部、蒙古国交通运输发展部、俄罗斯联邦运输部共同组织的车队抵达终点并于24日召开企业家圆桌会议。
	25日	交通运输部下发《关于组织开展2016年"公交出行宣传周"活动有关事项的通知》。
	26日	交通运输部发布《关于修改〈出租汽车经营服务管理规定〉的决定》《关于修改〈出租汽车驾驶员从业资格管理规定〉的决定》，对《出租汽车经营服务管理规定》（交通运输部2016年第64号令）、《出租汽车驾驶员从业资格管理规定》（交通运输部2016年第63号令）的有关内容进行了修订。

9月

3日 全国人大常委会经表决免去杨传堂交通运输部部长职务,决定任命李小鹏为交通运输部部长。

5日 交通运输部发布《全国重点营运车辆联网联控系统考核管理办法》。

8日 交通运输部部长李小鹏主持召开部务会,强调发挥多式联运组合效率,推动交通运输转型升级。

12日 交通运输部、国家工商行政管理总局联合发布《机动车驾驶培训先学后付、计时收费模式服务合同(示范文本)》。

12日 交通运输部在北京召开推进机动车驾驶人培训制度改革现场会,解读《机动车驾驶培训教学与考试大纲》。交通运输部副部长刘小明表示,机动车驾驶培训工作要突出安全文明行车理念和安全驾驶习惯及技能的培养,切实落实好大纲要求,不断提升驾驶培训质量。

13日 交通运输部办公厅发布《关于进一步做好车辆运输车治理工作的通知》。

13日 交通运输部安委会召开2016年第三次会议,部长、部安委会主任李小鹏主持会议并要求,中秋节、国庆节即将到来,要加强分析研判假期旅客运输特点,切实保障"两节"期间交通运输安全稳定。

21日 交通运输部发布《关于表扬2015—2016年度全国12328电话十佳服务中心和百佳话务人员的通报》。

28日 交通运输部召开2016年第三季度道路运输安全生产分析暨推进运输服务行业更贴近民生实事电视电话会议。交通运输部安全总监成平出席会议并讲话。

29日 交通运输部副部长刘小明一行到许昌市调研河南省多式联运和冷链物流工作。刘小明指出,当前多式联运和冷链物流运输的发展空间及市场正在逐步扩大,要把多式联运和冷链物流发展比率作为推动交通物流发展的关键。

30日 交通运输部部长李小鹏主持召开部务会,传达了国务院有关领导关于道路运输安全生产工作的批示精神,审议并原则通过《关于稳步推进城乡交通运输一体化提升基本公共服务水平的指导意见(送审稿)》。

10月

1日 "十一"黄金周期间,我国道路、水路客运总量超6.62亿人次。其中,道路客运量为6.49亿人次,同比增长1.5%。

10日 2016道路运输行业转型升级峰会在广东省广州市举行。

12日 由交通运输部运输服务司、广东省交通运输厅支持,深圳市交通运输委员会、中国市场经济研究会市场体系建设专业委员会主办的第六届公交都市发展论坛(深圳)暨2016全国中小城市公交发展高峰论坛在广东省深圳市开幕。

20日 交通运输部办公厅发布《关于进一步加强农村物流网络节点体系建设的通知》。

24日至25日 由北京市交通委员会和北京市政府外事办公室共同主办、北京交通发展研究院承

		办的第三届世界大城市交通发展论坛在北京举行。
	25日	交通运输部、国家发展改革委、公安部、财政部、国土资源部、住房城乡建设部、农业部、商务部、供销合作总社、国家邮政局和国务院扶贫办联合发布《关于稳步推进城乡交通运输一体化提升公共服务水平的指导意见》（交运发〔2016〕184号）。
	25日	交通运输部办公厅发布《道路运输车辆卫星定位系统车载终端和平台标准符合性技术审查工作规范》。
	27日	交通运输部办公厅发布了《关于开展城乡交通运输一体化建设工程有关事项的通知》（交办运〔2016〕140号）。
	28日至31日	由中国道路运输协会、中国海员建设工会主办，湖南省道路运输协会等承办的第二届全国汽车客运站务员技能竞赛总决赛在湖南省长沙市举行。
11月	2日	交通运输部印发《关于认真做好冬季交通运输安全生产工作的通知》，要求交通运输系统各单位认真贯彻落实国务院安委会办公室的统一部署，切实加强冬季交通运输安全工作，查找安全隐患、堵塞安全漏洞，有效防范和坚决遏制重特大安全生产事故发生，保障安全生产形势稳定，确保人民群众安全出行。
	4日	交通运输部办公厅、工业和信息化部办公厅、公安部办公厅、中国人民银行办公厅、国家税务总局办公厅、国家网信办秘书局联合发布《关于网络预约出租汽车经营者申请线上服务能力认定工作流程的通知》。
	4日至5日	交通运输部部长李小鹏在调研冬奥会重大交通保障项目时强调，以最高标准最严要求打赢冬奥会交通保障攻坚战。优化运输组织方式，促进跨区域、跨方式间运输服务的一体化和便利化，全面提升交通一体化的管理效率和服务水平。
	7日	交通运输部办公厅发布《关于印发出租汽车驾驶员从业资格全国公共科目考试大纲的通知》《关于明确网络预约出租汽车服务许可证件式样的通知》《关于网络预约出租汽车车辆准入和退出有关工作流程的通知》。
	9日	全国"四好农村路"运输服务工作现场会在湖北竹山召开，对今后一个时期"四好农村路"运输服务工作再动员、再部署。
	15日	国家税务总局、交通运输部联合发布《关于城市公交企业购置公共汽电车辆免征车辆购置税有关问题的通知》。
	17日	在浙江乌镇召开的世界互联网大会迎来崭新分论坛——"互联网+出行"论坛。该论坛由交通运输部主办，主题为"智慧交通，让出行更便捷"。交通运输部党组书记杨传堂在论坛上发出5点倡议，号召世界各国的交通运输界、互联网界的朋友加强沟通、扩大共识、深化合作，以整合资源、开放共享为重点，以泛在互联、全面感知、便捷交互为目标，推动"互联网+"与交通运输融合发展。
	19日	2016中国技能大赛——第八届全国交通运输行业"中车株机·捷安杯"轨道列车驾驶员职业技能竞赛闭幕式在河南交通职业技术学院举行。
	22日	交通运输部、外交部、国家发展改革委、公安部、财政部、商务部、海关总署和

		国家质检总局八部门联合发布《关于贯彻落实"一带一路"倡议 加快推进国际道路运输便利化的意见》，提出到2020年初步建成开放有序、现代高效的国际道路运输体系。
	22日至24日	中国道路运输协会在北京召开第五届二次理事大会暨2016年中国道路运输年会。交通运输部副部长刘小明、国家社会组织管理局副局长安宁等领导出席大会，来自全国各骨干运输企业及各地方道路运输协会共计500余名理事、会员代表参加大会。
	23日	交通运输部办公厅、国家安监总局办公厅发布《关于做好营运客车应急锤更新更换专项工作的通知》。
	25日	中央纪委驻交通运输部纪检组组长宋福龙、交通运输部副部长刘小明率队赴北京市轨道交通指挥中心调研。
	29日	国家发展改革委、交通运输部、公安部、国家安监总局、中国铁路总公司、共青团中央联合印发《关于全力做好2017年春运工作的意见》。2017年春运从1月13日开始至2月21日结束，共计40天。
	30日	交通运输部部长李小鹏主持召开部务会，传达学习近期习近平总书记、李克强总理关于安全生产的重要指示批示和全国安全生产电视电话会议精神，审议并原则通过《关于深化改革加快推进道路客运转型升级的意见（送审稿）》。
	30日	交通运输部办公厅发布《关于全面推进公交都市建设等有关事项的通知》。
12月	1日	交通运输部综合规划司、中国交通报社、世界银行和世界资源研究所（WRI）联合主办的"公交优先与公交线网优化发展国际研讨会"在江苏苏州召开。
	3日	交通运输部在山东省济南市召开公交都市创建现场推进会。交通运输部副部长刘小明出席会议并要求，"十三五"期必须坚持将公共交通放在城市交通发展的首要位置，全面推进公交都市创建和公交优先发展，加快实现城市交通治理体系和治理能力现代化。交通运输部将重心下移，鼓励地市级以上城市分主题、分类别开展公交都市创建工作。
	6日	交通运输部下发《关于修改〈道路旅客运输及客运站管理规定〉的决定（交通运输部令2016年第82号）》，自2017年3月1日起施行。
	7日	交通运输部印发《关于认真做好2017年道路水路春运有关工作的通知》，道路水路春运筹备工作全面启动。
	7日	交通运输部联合国家发展改革委发布《推进物流大通道建设行动计划（2016—2020年）》。
	8日	交通运输部、公安部、国家安监总局联合发布《关于进一步加强道路运输安全管理工作的通知》。
	8日	在联合国亚太经社会第三届交通部长会议期间，中蒙俄三国签署了《关于沿亚洲公路网国际道路运输政府间协定》。

11日	交通运输部与中国铁路总公司联合印发《关于加强2017年春运期间道路与铁路运输服务衔接 保障旅客便捷有序出行的通知》，针对铁路客运列车特别是夜间列车到站后的旅客换乘问题，统筹安排道路与铁路运输服务衔接工作。
13日	交通运输部办公厅发布《道路货运车辆动态监控服务商服务评价办法》。
20日	交通运输部办公厅发布《网络预约出租汽车监管信息交互平台总体技术要求（暂行）》。
21日	交通运输部、财政部、国家铁路局、中国民用航空局、国家邮政局、中国铁路总公司联合发布《关于鼓励支持运输企业创新发展的指导意见》。
21日	北京市、上海市分别发布深化出租汽车行业改革和网络预约出租汽车管理的政策文件。《北京市人民政府办公厅关于深化改革推进出租汽车行业健康发展的实施意见》《北京市网络预约出租汽车经营服务管理实施细则》和《北京市私人小客车合乘出行指导意见》，上海市《关于本市深化改革推进出租汽车行业健康发展的实施意见》《上海市网络预约出租汽车经营服务管理若干规定》和《关于规范本市私人小客车合乘出行的实施意见》即日起正式实施。
26日	2017年全国交通运输工作会议在交通运输部党校开幕。会议深入学习贯彻习近平总书记系列重要讲话精神，总结2016年工作，部署2017年重点工作。
28日	交通运输部下发《关于开展2017年春运检查工作的通知》。
28日	经国务院同意，交通运输部等十八个部门联合发布《关于进一步鼓励开展多式联运工作的通知》，提出了18条工作举措，并明确了各项工作的部门分工，是新时期推进多式联运发展的行动纲领和工作指南。
28日	2017年全国春运电视电话会议召开。交通运输部副部长刘小明出席会议并要求，各级交通运输主管部门要紧紧围绕创建"便捷春运、温馨春运、平安春运、诚信春运"，进一步增强宗旨意识、责任意识和协同意识，坚决打赢春运攻坚战，让旅客走得了、走得好、走得安全、走得舒心。
30日	交通运输部会同工业和信息化部、公安部、中国人民银行、国家税务总局、国家网信办等部门，联合开展了网约车线上服务能力认定培训工作，滴滴出行、神州专车、首汽约车、易到用车等10家网约车平台公司以及有关省市相关部门参加了培训。截至2016年12月30日，全国共有北京、天津、上海、重庆、杭州、宁波、大连、成都、厦门、福州、广州、合肥、深圳、青岛等42个城市正式发布了网约车管理实施细则。另外，还有140余个城市已向社会公开征求了意见。
31日	交通运输部下发《关于深化改革加快推进道路客运转型升级的指导意见》。

附录2 国外典型国家运输发展情况

第一节 欧盟道路运输发展情况

一、概述

1. 交通运输量增长

经过二十多年的发展，欧盟综合交通网络规模不断扩大、结构更趋合理，有效支撑了各个成员国的经济社会发展。2014年，货运周转总量达到35240亿吨公里，其中道路货物周转量占总量的49%；客运周转量达到65910亿人公里，其中道路客运周转量占总量的82.2%。货物周转量在2003—2007年高速增长，然而受到金融危机等外界不确定因素的影响，在2008年和2009年大幅下降，近三年内小幅回升；客运周转量呈平稳增长趋势。2000—2014年欧盟客、货物周转量及GDP变化趋势如附图2-1所示。

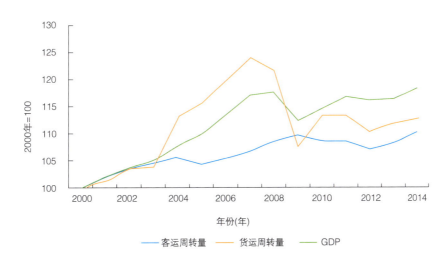

附图2-1 EU-28 2000—2014年客运周转量、货物周转量、GDP增长趋势（以2000年为基准）

2. 交通运输行业吸纳就业人数情况

根据欧盟委员会提供的最新完整数据，2014年，交通运输与仓储服务业的从业人数约1100万人，占社会总就业人数的5.1%。其中，从事与地面运输（道路运输、铁路运输和管道运输）的从业人员占53%，从事水路运输（航运和内河运输）的从业人员占3%，从事航空运输的从业人员占4%，从事仓储支持类运输活动（例如货物装卸、储存和辅助活动）的从业人员占25%，从事邮政快递活动的从业人员占16%。

3. 家庭支出情况

2014年，欧盟家庭单元在交通运输有关项目上的开支总量约10010亿欧元（折合人民币约85208亿元），占家庭消费总支出的13%。其中，26%的支出（约2650亿欧元，折合人民币22558亿元）用于购买运输装备，超过 50% 的支出（5220 亿欧元，折合人民币 44434 亿元）用于个人运输装备的维护（例如燃料供给等）；其余 20.1% 的支出（2130 亿欧元，折合人民币 18131 亿元）用于购买运输服务（例如支付车、船、飞机票费用）。2014 年欧盟家庭单元在交通运输有关项目上的开支情况如附表 2-1 所示。

EU-28 2014年家庭单元在交通运输相关项目上的开支情况　　　　附表2-1

项目	交通运输开支	包括			交通运输开支占家庭总支出的比例	平均每人运输支出
		购买运输设备	个人运输设备维护保养	购买运输服务		
单位	亿欧元	亿欧元			%	欧元
数额	10018.39	2652.16	5227.66	2138.57	13.0	2000

4．运输安全

道路：2014 年，欧盟范围内共有 25974 人因道路事故死亡（包括重伤 30 天内死亡的人员），同比增加 0.1%。相比较 2001 年，2014 年道路事故造成死亡人数已经减少了一半多（-52.7%），这表明 21 世纪以来欧盟各成员国在提升道路安全方面已经取得了巨大成效。

铁路：2014 年，全欧有 15 名乘客因铁路事故死亡。这项统计数据不包括偶然因素导致死亡的铁路职工及其他人员。

航空：2015 年，150 名乘客因航空事故死亡。

5．交通运输行业总增加值

就欧盟所有成员国而言，2014 年交通运输与仓储服务行业产生的增加值为 6330 亿欧元，占总增加值的 5.1%。这项指标只统计向社会提供交通运输以及与运输有关服务的企业。

6．总结

总的来看，道路运输在欧盟综合交通运输体系中发挥着基础性、主导性作用。道路运输完成货物周转量及旅客周转量所占比例分别为 49% 和 82.2%，在各种运输方式中名列首位；家庭消费方面，用于购买运输装备和维护装备的支出占家庭消费比例约 13%，乘坐私家车仍然是欧盟居民较为青睐的出行方式。然而，道路运输安全生产形势相对严峻，2014 年因道路事故死亡人数远高于铁路事故，因此通过改善道路交通安全从而提高综合交通体系的安全性仍然有较大空间。

二、货物运输绩效

2014 年，全欧范围内货物运输周转量为 35240 亿吨公里。这项统计数据只包含联盟内运输，不包含跨区域国际运输。公路、沿海航运、铁路、内陆水运、管道和民航完成货物周转量分别占总量的 49.0%、31.8%、11.7%、4.3%、3.2% 和 0.1%。

在欧盟官方资料当中，货物运输绩效主要是通过货物周转量进行表达。1995 至 2014 年期间，道路运输和沿海航运占据全欧货物运输的主导地位，2014 年道路运输和沿海航运完成的货物周转量分别为 17250 亿吨公里和 11220 亿吨公里；铁路运输完成货物周转量则多年保持在 4000 亿吨公里水平；内河、管道运输完成货物周转量维持在 1000—1500 亿吨公里区间；航空运输完成货物周转量则保持在 20 亿吨公里左右。1995—2014 年不同运输方式完成的货物周转量及变化趋势如附图 2-2 所示。

附录2　国外典型国家运输发展情况

附图 2-2　EU-28 1995—2014 年不同运输方式完成的货物周转量及变化趋势

从模式分担来看，道路运输完成的货物周转量占总量比例维持在 45% 以上，2014 年道路运输货物周转量比例为 49.0%，同比下降 0.5 个百分点。2014 年，沿海航运和内河运输完成的货物周转量占总量比例分别为 31.8% 和 4.3%，同比增加 0.7 个百分点和下降 0.1 个百分点。2010—2014 年不同运输方式完成的货物周转量占比情况如附图 2-3 所示。

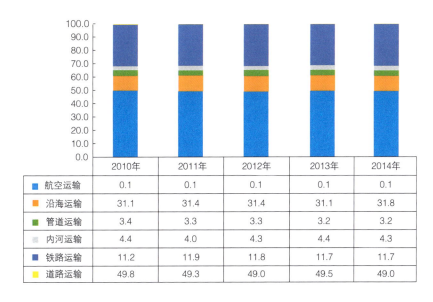

	2010年	2011年	2012年	2013年	2014年
航空运输	0.1	0.1	0.1	0.1	0.1
沿海运输	31.1	31.4	31.4	31.1	31.8
管道运输	3.4	3.3	3.3	3.2	3.2
内河运输	4.4	4.0	4.3	4.4	4.3
铁路运输	11.2	11.9	11.8	11.7	11.7
道路运输	49.8	49.3	49.0	49.5	49.0

附图 2-3　EU-28 2010—2014 年不同运输方式完成的货物周转量占比情况

三、旅客运输绩效

2014 年，全欧范围内采用机动化运输方式完成的客运周转量达到 65920 亿人公里，折合人均客运周转量 12973 公里。这项统计数据只包含联盟内运输，不包括跨区域国际运输。客运小汽车（含机动二轮车）、航空、客运班线、铁路、轨道交通和沿海航运完成旅客周转量分别占总量的 74.2%、9.2%、8.0%、6.5%、1.5% 和 0.6%。

在欧盟官方资料当中，旅客运输绩效主要是通过客运周转量进行表达。2014 年，全欧营运客车完成道路客运周转量约 54190 亿人公里，同比增长 1.8%，其中私家车完成客运周转量 47665 亿人公里，同比增长 2.0%；公交车及班线完成客运周转量 5250 亿人公里，同比下降 0.3%；电动双轮车（powered two-wheels）完成客运周转量 1270 亿人公里，同比增长 1.6%。总体来看，2014 年道路客运周转量同比有所增加，私家车、电动双轮车完成的客运周转量同比小幅增长，公交车及班线完成客运周转量同比小幅下降。1995—2014 年不同运输方式完成的客运周转量及变化趋势如附图 2-4 所示。

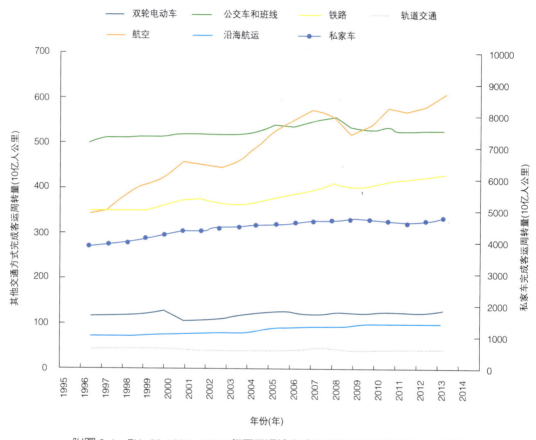

附图 2-4　EU-28 1995—2014 年不同运输方式完成的客运周转量及变化趋势

欧盟对陆地运输（Surface Transport）中各种运输方式完成客运周转量情况进行了统计分析。2014 年，私家车完成的客运周转量占陆地运输总量比例为 80.1%，表明私家车在陆地旅客运输体系中发挥基础性作用；公交车和班线完成的客运周转量占总量的 8.8%；铁路和轨道交通完成的客运周转量占总量比例分别为 7.2% 和 1.7%；电动双轮车完成的客运周转量占总量的 2.1%。2014 年陆地运输体系中不同运输方式完成的客运周转量的占比情况如附图 2-5 所示。

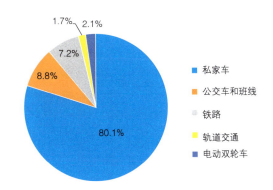

附图 2-5　EU-28 2014 年陆地运输体系中不同运输方式完成的客运周转量占比情况

四、道路运输行业市场构成

截至 2013 年年底，全欧道路运输企业数量为 110.72 万户，同比下降 0.07%。其中从事道路货物运输的企业数量为 56.36 万户，同比下降 1.64%；从事道路旅客运输的企业数量为 34.41 万户，同比增长 0.32%；从事仓储和相关服务的企业数量为 13.92 万户，同比增长 1.61%；从事邮政和快递的企业数量为 6.03 万户，同比增长 9.64%。邮政快递企业数量同比增长幅度较大。2013 年欧盟道路运输企业构成及数量如附图 2-6 所示。

附图 2-6　EU-28 2013 年道路运输企业构成及数量

截至 2013 年年底，全欧道路运输从业人员为 937.78 万人，同比增长 0.08%。其中从事道路货物运输的人员数量为 293.8 万人，同比下降 0.27%；从事道路旅客运输的人员数量为 199.14 万人，同比增长 0.27%；从事仓储和相关服务的人员数量为 263.58 万人，同比增长 1.3%；从事邮政和快递的人员数量为 181.26 万人，同比下降 1.17%。2013 年欧盟道路运输从业人员构成及数量如附图 2-7 所示。

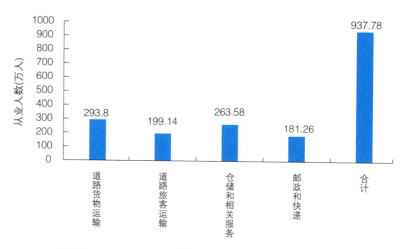

附图2-7　EU–28 2013年道路运输从业人员构成及数量

2013年，道路运输行业实现营业收入10314.6亿欧元，同比增长0.72%，其中道路货物运输实现收入3111.81亿欧元，同比下降0.29%；道路旅客运输实现收入1247.66亿欧元，同比增长2.86%；仓储和其他辅助活动实现收入4861.13亿欧元，同比增长1.53%；邮政和快递实现收入1094亿欧元，同比下降2.23%。相比而言，仓储和其他相关活动实现收入明显高于货运、客运及邮政和快递等子领域。2013年道路运输行业实现营业收入情况如附图2-8所示。

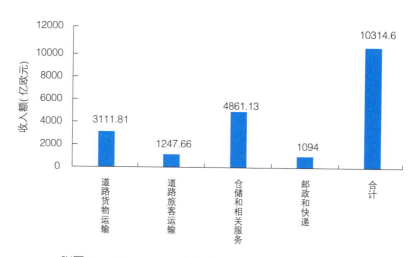

附图2-8　EU–28 2013年道路运输行业实现营业收入情况

2014年，全欧范围内共有私家车存底24977.3万辆，同比增长1.0%；公交车及长途汽车存底81.75万辆，同比增加0.2%；货车（商用车）存底3586.39万辆，同比增加1.2%；电动双轮车存底3539.92万辆，同比增加3.1%。2014年欧盟道路运输运力构成及规模如附表2-2所示。

EU-28 2014年道路运输运力构成及规模　　　　　　附表2-2

类　　型	2013年	2014年	同比变化
私家车（万辆）	24740.4	24977.3	1.0%
公交车及长途汽车（万辆）	81.57	81.75	0.2%
货车（商用车）（万辆）	3545.25	3586.39	1.2%
电动双轮车（万辆）	3433.98	3539.92	3.1%

2015年，全欧范围内共有新注册私家车1372.06万辆，同比增加9.3%；新注册公交车及长途汽车4.65万辆，同比增长21.1%；新注册货车（商用车）204.86万辆，同比增长12.3%，其中，新注册轻型（载重小于3.5吨）货车172.16万辆，同比增加11.7%；新注册中型（载重大于3.5吨且小于16吨）货车6.54万辆，同比增加5%；新注册重型（载重大于16吨）货车26.16万辆，同比增加18.8%。可以看出，货车（商用车）新增运力呈现轻型化发展趋势。2015年欧盟道路运输行业新注册车辆数量及同比变化情况如附表2-3所示。

EU-28 2014年道路运输行业新注册车辆数量及同比变化情况　　　　附表2-3

类　型		2014年	2015年	同比变化
私家车		1255.77	1372.06	9.3%
公交车及长途汽车		3.84	4.65	21.1%
货车（商用车）		182.42	204.86	12.3%
按载重分	轻型（＜3.5吨）	154.17	172.16	11.7%
	中型（3.5~16吨）	6.23	6.54	5.0%
	重型（＞16吨）	22.02	26.16	18.8%

五、交通运输基础设施建设

截至2013年年底，欧盟铁路营运里程、等级公路里程、高速公路里程、内河航道里程、油气运输管道里程分别达到22万公里、500万公里、7.43万公里、4.20万公里和3.68万公里，铁路营业里程、等级公路里程在世界上各主要经济体中处于领先地位（附表2-4）；从人均路网资源占有情况来看，人均铁路营业里程为0.43米，在各主要经济体中排第3位，人均公路里程9.87米，在各主要经济体中排第2位（附表2-5）；从路网密度来看，铁路密度、公路密度、高速公路密度分别为4.92公里/百平方公里、111.86公里/百平方公里、1.66公里/百平方公里，在各主要经济体中排第2位（附表2-6）。

2013年欧盟与其他主要经济体综合交通网络规模和结构对比　　　　附表2-4

指　标	EU-28	美国	日本	中国	俄罗斯
等级公路里程（万公里）	500.0	431.0	98.9	375.6	109.4
高速公路里程（万公里）	7.43	9.33	0.84	10.44	5.10
铁路营业里程（万公里）	22.00	20.56	1.95	10.31	8.60
电气化铁路里程（万公里）	11.52	—	1.17	3.60	4.30
内河航道里程（万公里）	4.20	4.02	—	12.59	10.20
油气运输管道里程（万公里）	3.68	30.96		9.85	5.50

2013年欧盟与其他主要经济体综合交通网络人均资源对比（单位：米/人）　　附表2-5

指　　标	EU-28	美国	日本	中国	俄罗斯
人均等级公路里程	9.87	13.63	7.77	2.77	7.62
人均高速公路里程	0.15	0.30	0.07	0.08	0.36
人均铁路营业里程	0.43	0.65	0.15	0.08	0.60
人均内河航道里程	0.08	0.13	—	0.09	0.71

2013年欧盟与其他主要经济体综合交通网络密度对比（单位：公里/百平方公里）　　附表2-6

指　　标	EU-28	美国	日本	中国	俄罗斯
等级公路密度	111.86	44.76	261.64	39.14	6.41
高速公路密度	1.66	0.97	2.22	1.09	0.30
铁路密度	4.92	2.14	5.16	1.07	0.50
内河航道密度	0.94	0.42	—	1.31	0.60

第二节　美国道路运输发展情况

一、概述

1．交通运输量情况

2015年，交通运输完成的货运量为180.56亿吨，创造的产值为192580亿美元，其中公路运输完成的货运量为115.13亿吨，产值为132670亿美元，分别占总量的63.8%和68.9%，公路运输是货物运输最主要的方式，尤其是适合短距离运输。

2014年，交通运输完成的旅客运输周转量为80751.98亿人公里，其中道路运输完成的旅客周转量为70340.1亿人公里，完成总量的87.1%。道路出行一直深受美国居民的青睐，是出行最主要的交通方式，其中轻型车辆完成道路客运周转量的85.4%。

2．交通支出情况

2015年，美国每个家庭在交通方面的支出为9503美元，比1996年多出3121美元，占家庭税前收入的13.6%，比1996年下降3.2个百分点。如附图2-9所示，20年的时间内，交通支出基本上呈不断增加趋势，交通支出占税前收入的比例呈下降趋势。

2015年，平均家庭支出为55978美元，其中交通支出所占比例为17%（附图2-10），车辆购置支出占交通支出的35.3%，燃油支出和其他车辆费用分别占交通支出的29.4%，而在公交和其他交通方式的支出只占5.9%。

2015年，交通总成本为16310亿美元，占GDP的9.0%，比1995年下降了1.2个百分点，如附图2-11

所示，交通总成本占 GDP 的比重从 10% 以上减少到 10% 以下，交通运输效率有所提升。

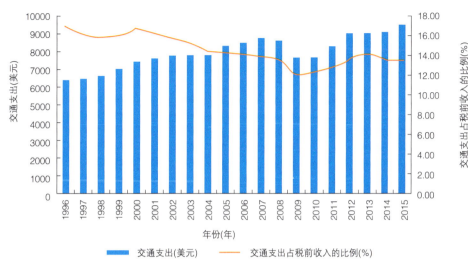

附图 2-9　1996—2015 年美国交通支出和收入的关系

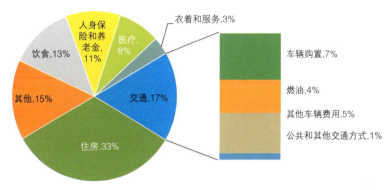

附图 2-10　2015 年美国家庭支出构成

附图 2-11　1995—2015 年美国交通总成本和 GDP 的关系

3. 交通安全情况

2014年，美国道路安全形势不断改善，其中死亡人数为34884人，比2004年减少10495人，减少了23.1%，受伤人数为236.9万人，比2004年减少45.4万人，减少了16.1%。2014年，小客车事故引起的死亡人数和受伤人数分别为11947人和129.2万人，小客车事故造成的死亡人数占交通事故死亡人数的比例最高，具体数据见附表2-7和附表2-8。

美国2003年和2013年交通事故死亡人数（单位：人） 附表2-7

年份 交通事故死亡人数	2004年	2014年
小客车事故	19192	11947
摩托车事故	4028	4594
轻型载货汽车事故	12674	9103
重型载货汽车事故	766	656
公共汽车事故	42	44
行人事故	4675	4910
自行车事故	727	729
其他事故	732	761

美国2003年和2013年交通事故受伤人数（单位：人） 附表2-8

年份 交通事故死亡人数	2004年	2014年
小客车事故	164.3	129.2
摩托车事故	7.6	9.2
轻型载货汽车事故	90.0	78.2
重型载货汽车事故	2.7	2.7
公共汽车事故	1.6	1.4
行人事故	6.8	6.5
自行车事故	4.1	5.0
其他事故	1.7	1.0

4. 道路拥堵情况

随着人们出行次数的增加，交通拥堵日益严重。1985年，美国平均每辆通勤汽车的平均延误为21小时，之后30年，美国平均每辆通勤汽车的平均延误基本上逐年增加（附图2-12），到2014年达到42小时，延误时间增加了1倍。道路拥堵的时间和成本自2000年以来稳步上升，2014年美国通勤汽车延误总时间达到69亿小时，比2000年增加32.7%，由于通勤汽车的延误时间增加，也导致燃料浪费和总成本的增加，如附图2-13所示。

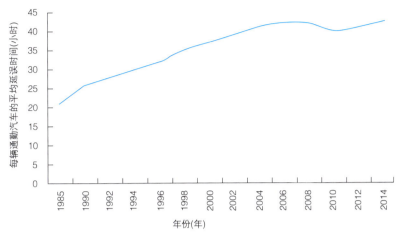

附图 2-12　1985—2014 年美国通勤汽车平均延误时间情况

附图 2-13　2000—2014 年美国通勤汽车延误的燃料浪费和成本损失

5. 运输能耗情况

能源消耗主要包括工业、交通、居住和商业方面的消耗，其中工业上的能源消耗最大，交通上的能源消耗量排第二位。如附图 2-14 所示，交通能源消耗逐年增加，由 1960 年的 10.6 千兆英热单位增加到 2014 年的 27.1 千兆英热单位，增加了 155.7%。交通消耗的能源有石油、天然气和可再生资源，其中石油仍是交通消耗的主要能源，占到 92%（附图 2-15），能源利用的结构需进一步优化。

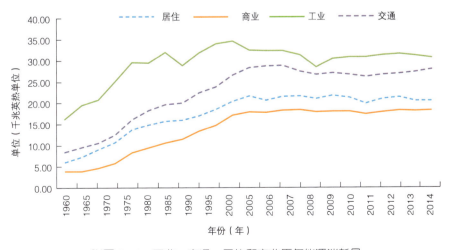

附图 2-14　工业、交通、居住和商业历年能源消耗量

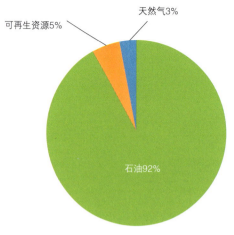

附图2-15 2015年交通行业消耗的能源构成

二、货物运输绩效

美国的货运业发展不断取得新成绩。2015年产值达到192580亿美元,比2012年增长8.2%,其中公路运输产值为132670亿元,占总数的68.9%。2015年货运量180.56亿吨,比2012年增长6.5%,其中公路运输货运量为115.13亿吨,占总货运量的63.8%。公路货物运输在所有运输方式中占主导地位。具体数据见附表2-9、附表2-10。

美国2012年和2015年货运产值及变化情况(单位:亿美元)　　　　附表2-9

年份 货运产值	2012年	2015年	变化率
公路运输	124030	132670	7.0%
铁路运输	7560	8420	11.4%
水路运输	4330	5000	15.5%
航空运输	6720	7940	18.2%
管道运输	13010	14620	12.4%
多式联运	19790	21310	7.7%
其他	2590	2620	1.2%
合计	178030	192580	8.2%

美国2012年和2015年货量及变化情况(单位:亿吨)　　　　附表2-10

年份 货运量	2012年	2015年	变化率
公路运输	107.81	115.13	6.8%
铁路运输	18.20	17.88	−1.8%
水路运输	6.54	7.29	11.5%
航空运输	0.07	0.07	0.0%
管道运输	29.32	33.15	13.1%

续上表

年份 货运量	2012年	2015年	变化率
多式联运	3.83	3.98	3.9%
其他	3.76	3.06	−18.6%
合计	169.53	180.56	6.5%

三、旅客运输绩效

2014年，美国道路客运指标为48682.82亿车公里和70340.77亿人公里，其中轻型车辆共完成43612.85亿车公里和60046.08亿人公里（附表2-11），分别占总量的89.6%和85.4%。

2014年美国客运指标　　　　　　　　　　　　　　　　　附表2-11

年份 类型	指标一（亿车公里）	指标二（亿人公里）
轻型车辆	43612.85	60046.08
摩托车	321.32	346.10
载货汽车	4491.23	4491.23
公共汽车	257.42	5457.36

2015年，美国16岁及16岁以上的工作人员中，其中76.6%的通勤人员选择自驾出行，同比提高0.1个百分点；9.0%的人员选择拼车出行，同比下降0.2个百分点。选择私家车出行的一共占到85.6%，如附图2-16所示。

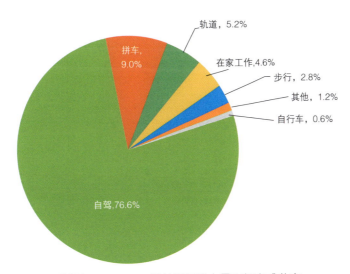

附图2-16　2014年美国通勤人员出行方式分布

因此，在美国选择轻型汽车出行的人数仍为主体。

四、道路运输行业就业情况

2015年，运输行业从业人员为1271.0万人，比2005年减少5.1%，运输及仓储行业从业人员为484.5万人，比2005年增加11.1%，其中道路从业人员为145.5万人，比2003年多5.7万人，占运输及仓储从业人员的30.0%。除运输及仓储行业就业增加外，其他方面就业出现不同程度的减少，说明运输及仓储方面的需求越来越大。具体数据见附表2-12。

美国2005年和2015年交通行业就业情况（单位：万人）   附表2-12

分类	年份	2005年	2015年
	运输及仓储行业从业人员	436.1	484.5
1	航空	50.1	44.4
2	铁路	22.8	24.2
3	水路	6.1	6.5
4	道路	139.8	145.5
5	轨道和地面运输	38.9	47.5
6	管道	3.8	4.9
7	景区	2.9	3.2
8	辅助活动	55.2	64.9
9	快递邮政方面	57.1	60.8
10	仓储	59.5	81.3
	运输相关制造业	213.0	189.1
	其他与运输相关产业	520.3	533.4
	邮电业	77.4	59.7
	政府部门	88.8	U
	总计	1339.5	1271.0

五、交通运输基础设施建设

2014年，美国交通网络进一步发展，路网总长度为2507.4万公里，比2004年增加5.8%，其中道路网总长为2082.5万公里，占交通网络总长度的83.1%，远远高于其他方式的路网规模，可见道路网络在美国是非常发达的。具体数据见附表2-13。

美国2004年和2014年路网规模（单位：万公里）　　　附表2-13

年份 路网规模	2004年	2014年	变化率
道路	1982.34	2082.55	5.05%
管道	362.63	400.39	10.41%
铁路	19.29	18.62	−3.49%
城市轨道	1.55	1.82	16.94%
水路	4.02	4.02	0.00%
合计	2369.84	2507.39	5.80%

2004—2014年，道路质量逐年改善，如附图2-17所示。2014年，道路质量进一步提高，61%的道路路面处于良好状态，比2004年高出9个百分点，比2008年高出4个百分点。

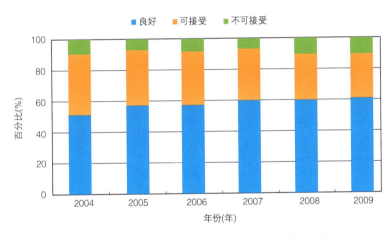

附图2-17　2004—2014年美国道路路面质量情况

2014年，美国不同类型的车辆均有所增加，轻型车辆约为24015.52万辆，比2004年增长5.2%；重型载货汽车约为1090.6万辆，比2004年增长33.47%；摩托车约为841.77万辆，增幅最大，达到45.94%。具体数据见附表2-14。

美国2004年和2014年运力规模情况（单位：万辆）　　　附表2-14

年份 运力规模	2004年	2014年	变化率
轻型车辆	22827.60	24015.52	5.20%
重型载货汽车	817.14	1090.60	33.47%
摩托车	576.79	841.77	45.94%
合计	24221.53	25947.89	7.13%

附录3 图表目录

图 目 录

图1-1　2012—2016年国民生产总值及增长率
图1-2　2012—2016年全国客运量及旅客周转量情况
图1-3　2012—2016年全国货运量及货物周转量情况
图1-4　2012—2016年我国人均可支配收入及增长率
图1-5　2012—2016年我国产业结构变化情况
图1-6　2012—2016年社会消费品零售总额及增长率
图1-7　2012—2016年固定资产投资总额及增长率
图1-8　2012—2016年对外贸易总额及增长率
图1-9　2012—2016年我国城镇人口规模及城镇化率
图1-10　2012—2016年全国城镇新增就业及增长率
图1-11　2012—2016年铁路发送旅客量及增长率
图1-12　2012—2016年铁路发送货物量及增长率
图1-13　2012—2016年民航旅客运输量及增长率
图1-14　2012—2016年民航货邮运输量及增长率
图2-1　2016年道路运输完成客运量和旅客周转量在综合运输体系中占比
图2-2　2016年道路运输完成货运量和货物周转量在综合运输体系中占比
图2-3　2012—2016年公路里程及增长率
图2-4　2016年公路网络结构
图3-1　我国百城百站2016年旅客发送量波动变化图
图3-2　2012—2016年道路运输完成客运量在综合运输总量中所占比例
图3-3　2016年我国客运企业车辆规模构成情况
图3-4　2016年我国客运经营业户平均拥有车辆数量情况
图3-5　2015年和2016年道路客运班线不同线路长度分布比较
图3-6　开通班线数列我国前10位省（自治区、直辖市）的客运班线及平均日发班次数
图3-7　开通800公里以上班线数列我国前10位省（自治区、直辖市）的客运班线及日发班次数
图3-8　2012—2016年我国乡镇和建制村公路通达率
图3-9　2012—2016年我国乡镇和建制村通客运班车率变化情况
图3-10　2016年道路客运站经营业户及从业人员地区分布比例
图4-1　2012—2016年我国道路货运量及货物周转量变化情况
图4-2　2012—2016年道路运输完成货运量在综合运输总量中所占比例
图4-3　2012—2016年道路运输完成货物周转量在综合运输总量中所占比例
图4-4　2016年我国道路货运企业（不含普通货物运输企业）车辆规模构成
图4-5　2015年和2016年我国拥有车辆数在10辆及以上的道路货运企业数量
图4-6　2016年我国道路货运经营业户平均拥有车辆数量情况
图4-7　2016年一体和甩挂营运货车数量及吨位结构

图 4-8　2012—2016 年我国普通货车数及吨位数变化情况
图 4-9　2012—2016 年我国危险货物道路运输业户及车辆发展情况
图 4-10　2016 年我国安装卫星定位车载终端的危险运输车比例
图 4-11　2016 年我国危险货物道路运输业户数、车辆数及吨位数地区分布情况
图 4-12　2016 年我国危险货物道路运输车总计吨位前 10 位省（自治区、直辖市）
图 4-13　2012—2016 年我国道路集装箱运输经营业户发展情况
图 4-14　2016 年我国道路集装箱运输车总计标箱数列前 10 位的省（自治区、直辖市）
图 4-15　2012—2016 年我国等级货运站数量变化情况
图 4-16　2016 年我国不同等级货运站地区分布情况
图 5-1　2012—2016 年我国机动车维修业务量及增长率变化情况
图 5-2　2015—2016 年我国机动车维修业务完成情况比较
图 5-3　2012—2016 年我国机动车驾驶员培训完成情况
图 5-4　2012—2016 年我国机动车驾驶员培训机构数量及增长率
图 5-5　2016 年我国驾驶员培训机构户均拥有车辆数量情况
图 6-1　2012—2016 年我国国际道路运输客运量及中方所占比例情况
图 6-2　2012—2016 年我国国际道路运输货运量及中方所占比例情况
图 6-3　2015—2016 年我国国际道路运输客运车辆出入境分布对比情况
图 6-4　2015—2016 年我国国际道路运输货运车辆出入境分布对比情况
图 9-1　2016 年一次死亡 3 人及以上道路运输行车事故片区分布情况
图 9-2　2016 年一次死亡 3 人及以上道路运输行车事故路段（技术等级）分布情况
图 9-3　2016 年一次死亡 3 人及以上道路运输行车事故路段（行政等级）分布情况
图 9-4　2016 年一次死亡 3 人及以上道路运输行车事故时间分布情况
图 9-5　2012—2016 年一次死亡 3 人及以上道路客运行车事故情况
图 9-6　2012—2016 年一次死亡 10 人及以上道路客运行车事故情况
图 9-7　2016 年一次死亡 3 人及以上道路客运行车事故线路类别分布情况
图 9-8　2016 年一次死亡 3 人及以上道路客运行车事故形态占比

表 目 录

表 1-1　2015—2016 年道路运输业就业人员总体分布
表 2-1　2012—2016 年全国营运客车及其客位数、货车及其吨位数变化情况
表 2-2　2012—2016 年全国客货运站场建设情况
表 2-3　2016 年我国外商投资道路运输企业数量列前 10 位的省（自治区、直辖市）
表 3-1　2012—2016 年我国百城百站周报汇总数据
表 3-2　2016 年我国道路旅客运输经营业户构成
表 3-3　2016 年我国客运驾驶员和乘务员地区分布情况
表 3-4　2016 年我国农村道路客运车辆类型构成情况
表 3-5　2016 年我国农村客运车辆地区分布情况
表 3-6　2012—2016 年道路客运班线开通及班车发车密度情况
表 3-7　2015 年和 2016 年我国高速客运班线开通情况比较
表 3-8　2016 年我国东、中、西部地区开通班线、跨省班线及高速客运班线发展情况
表 3-9　2016 年我国东、中、西部地区农村客运站数量列前 5 位的省份
表 3-10　2015 年和 2016 年我国农村客运站建设投资情况
表 3-11　2016 年我国东、中、西部地区农村客运班线数量列前 5 位的省份
表 3-12　2012—2016 年我国等级客运站发展情况
表 3-13　2015 年和 2016 年我国客运站平均日旅客发送量及发班次比较
表 4-1　2016 年我国道路货物运输经营业户构成
表 4-2　2015 年和 2016 年我国道路货运经营业户地区分布
表 4-3　2016 年我国道路货物运输从业人员地区分布情况
表 4-4　2016 年我国营运货车按车辆用途分构成情况
表 4-5　2016 年我国危险货物道路运输业户经营范围分布情况
表 4-6　2016 年我国道路货运站经营业户及从业人员地区分布情况
表 4-7　2012—2016 年我国道路货运相关服务经营业户发展情况
表 4-8　2016 年各地道路货运相关服务经营业户分布情况
表 5-1　2012—2016 年我国汽车、摩托车维修经营业户发展情况
表 5-2　2012—2016 年我国平均每户机动车维修经营业户完成情况
表 5-3　2016 年我国不同类型机动车维修业户地区分布情况
表 5-4　2012—2016 年我国汽车综合性能检测完成情况
表 5-5　2016 年我国汽车综合性能检测站相关情况地区分布情况
表 5-6　2012—2016 年我国机动车驾驶员培训业户类型及数量变化情况
表 5-7　2016 年我国东、中、西部地区机动车驾驶员培训机构分布具体情况
表 5-8　2016 年我国东、中、西部地区培训机构数量列前 5 位的省（自治区、直辖市）
表 5-9　2016 年我国东、中、西部地区机动车驾驶员培训从业人员分布情况
表 6-1　2016 年我国与周边国家双边国际道路客货运量分布
表 6-2　2016 年国际道路运输经营业户拥有车辆规模情况
表 6-3　2016 年国际道路客货运输车辆情况
表 6-4　2012—2016 年我国国际道路运输行车许可证使用情况

List of Figures

Figure 1-1　Gross National Product and Growth Rate from 2012 to 2016
Figure 1-2　National Passenger Volume and Turnover from 2012 to 2016
Figure 1-3　National Freight Volume and Freight Turnover from 2012 to 2016
Figure 1-4　Per Capita Disposable Income and Growth Rate from 2012 to 2016
Figure 1-5　Changes of National Industrial Structure from 2012 to 2016
Figure 1-6　Total Retail Sales of Consumer Goods and Growth Rate from 2012 to 2016
Figure 1-7　Total Investment in Fixed Assets and Growth Rate from 2012 to 2016
Figure 1-8　Total Foreign Trade and Growth Rate from 2012 to 2016
Figure 1-9　Urban Population Size and Urbanization Rate from 2012 to 2016
Figure 1-10　New Employment and Growth Rate in Cities and Towns from 2012 to 2016
Figure 1-11　Railway Passenger Volume and Growth Rate from 2012 to 2016
Figure 1-12　Railway Freight Volume and Growth Rate from 2012 to 2016
Figure 1-13　Civil Aviation Passenger Traffic Volume and Growth Rate from 2012 to 2016
Figure 1-14　Civil Aviation Goods Traffic Volume and Growth Rate from 2012 to 2016
Figure 2-1　The Proportion of Freight Volume and Cargo Turnover by Road Transport in the Whole Transport System in 2016
Figure 2-2　The Proportion of Passenger Volume and Passenger Turnover by Road Transport in the Whole Transport System in 2016
Figure 2-3　Highway Mileage and Growth Rate from 2012 to 2016
Figure 2-4　Highway Network Structure in 2016
Figure 3-1　The Tendency of Passenger Volume Fluctuation from China's "Hundred Stations in Hundred Cities" in 2016
Figure 3-2　The Proportion of Passenger Volume by Different Transport Modes from 2012 to 2016
Figure 3-3　The Composition of Passenger Transport Enterprises by different scales in 2016
Figure 3-4　The Average Number of Vehicles possessing by Nationwide Passenger Transport Enterprises in 2016
Figure 3-5　The Distribution of the Number of Scheduled Coach Routes by Length from 2015 to 2016
Figure 3-6　The number of Scheduled Coach Routes and the Daily Operation Frequencies of the top 10 Provinces
Figure 3-7　The number of Scheduled Coach Routes and the Daily Operation Frequencies of the top 10 Provinces Having Route Length of 800 km or more
Figure 3-8　The Roadway Accessible Rates of Nationwide Small Towns and Villages from 2012 to 2016
Figure 3-9　The Proportion Changes of Passenger Routes Accessibility to Towns and Villages from 2012 to 2016
Figure 3-10　The Regional Distribution Ratio of Road Passenger Transport Station Operators and Related Staff in 2016
Figure 4-1　The Road Transport Freight Volume and Turnover from 2012 to 2016
Figure 4-2　The Proportion of Freight Volume by Different Transport Modes from 2012 to 2016
Figure 4-3　The Proportion of Freight Turnover by Different Transport Modes from 2012 to 2016
Figure 4-4　The Freight Vehicle Scales of Nationwide Road Freight Enterprises (excluding the general cargo transport enterprises) in 2016

Figure 4-5　The number of Nationwide Road Freight Enterprises with more than 10 Vehicles in 2015 and 2016

Figure 4-6　The Average Number of Vehicles possessing by the Nationwide Road Freight Enterprises by Regional Distribution in 2016

Figure 4-7　The Number and Tonnage of Freight Vehicles in Operation by Different Types in 2016

Figure 4-8　The Number of General Trucks and the Change of Tonnage Nationwide from 2012 to 2016

Figure 4-9　The Development of Road Transport Operators and the Vehicles for Dangerous Cargo Nationwide from 2012 to 2016

Figure 4-10　The Proportion of the Satellite-positioning Terminal Installation for the Dangerous Cargo Vehicles in 2016

Figure 4-11　The Road Transport Dangerous Cargo Operators, Number of Vehicles and Tonnage Distribution Nationwide in 2016

Figure 4-12　The Top 10 Provinces (autonomous region ,municipalities) for the Total Tonnage of Dangerous Cargo Vehicles Nationwide in 2016

Figure 4-13　The Development of Road Container Transport Operators and Vehicles Nationwide from 2012 to 2016

Figure 4-14　The Top 10 Provinces (autonomous region ,municipalities) for the total Tonnage of Container Vehicle Nationwide (TEU) in 2016

Figure 4-15　The Change of Grade Freight Stations Number Nationwide from 2012 to 2016

Figure 4-16　The Distribution of Different Grade Freight Stations Nationwide in 2016

Figure 5-1　The Change of Motor Vehicle Repair Volumes and Growth Rate from 2012 to 2016

Figure 5-2　The Comparison of the Main Business Completion for the Motor Vehicle Repairing from 2015 to 2016

Figure 5-3　The Vehicle Driver Training Completion Nationwide from 2012 to 2016

Figure 5-4　The Number of Vehicle Driver Training Institutions and the Growth Rate from 2012 to 2016

Figure 5-5　The Number of Vehicles per Driver Training Institution nationwide in 2016

Figure 6-1　The International Passenger Volume by Road Transport and the Proportion of China from 2012 to 2016

Figure 6-2　The International Freight Volume by Road Transport and the Proportion of China from 2012 to 2016

Figure 6-3　The Number of Inbound and Outbound of International Passenger Vehicles in 2016

Figure 6-4　The Number of Inbound and Outbound of International Freight Vehicles in 2016

Figure 9-1　The Area Distribution of Traffic Accidents with more than 3 Deaths in 2016

Figure 9-2　The Road Section (Technical Grade) Distribution of Traffic Accidents with more than 3 Deaths in 2016

Figure 9-3　The Road Section (Executive Rank) Distribution of Traffic Accidents with more than 3 Deaths in 2016

Figure 9-4　The Time Distribution of Traffic Accidents with more than 3 Deaths in 2016

Figure 9-5　The Statistics of more than 3 Deaths in Traffic Accidents from 2012 to 2016

Figure 9-6　The Statistics of more than 10 deaths in Traffic Accidents from 2012 to 2016

Figure 9-7　The Road type Distribution of Traffic Accidents with more than 3 Deaths in 2016

Figure 9-8　The Pattern Distribution of Traffic Accidents with more than 3 Deaths in 2016

List of Tables

Table 1-1　The Employment Distribution of Road Transport Industry from 2015 to 2016
Table 2-1　The Changes of Passenger Vehicles Amount, Passenger Vehicles Capacity, Freight Vehicles Amount and Freight Vehicle Capacity Nationwide from 2012 to 2016
Table 2-2　The Construction States of Passenger & Freight Station Nationwide from 2012 to 2016
Table 2-3　The top 10 Provinces (Municipalities) of Road Transport Enterprises with Foreign Investment in 2016
Table 3-1　The Summary of Weekly Data of China's "Hundred Cities Hundred Stations" Project from 2012 to 2016
Table 3-2　The Composition of Road Passenger Vehicle for Rural Areas in 2016 by Types
Table 3-3　The Regional Distribution of Road Passenger Vehicle for Rural Areas in 2016
Table 3-4　The Constitution of Road Passenger Transport Operator in 2016
Table 3-5　The Regional Distribution of Driver and Crew Nationwide in 2016
Table 3-6　The Number of Different Grade Coaches and Carrying Capacity from 2012 to 2016
Table 3-7　The Comparison of Nationwide High-speed Passenger Routes Opening between 2015 and 2016
Table 3-8　The Development of Road Scheduled Coach Routes Opening, Inter-provincial Scheduled Coach Routes Opening, and High-speed Scheduled Coach Routes Opening for the East, the Central and the West Areas in 2016
Table 3-9　The Development of the Road Passenger Stations for Rural Areas in the East, the Central and the West in 2016
Table 3-10　The Construction Investment of the Road Passenger Stations for Rural Areas Nationwide in 2015 and 2016
Table 3-11　The Development of Road Scheduled Coach Routes for Rural Areas in the East, the Central and the West in 2016
Table 3-12　The Development of Grade Passenger Station Nationwide from 2012 to 2016
Table 3-13　The Comparison of the Average Daily Passenger Volume and Departure Frequencies for the Passenger Stations Nationwide from 2015 to 2016
Table 4-1　The Composition of Road Freight Transport Operators Nationwide in 2016
Table 4-2　The Regional Distribution of Road Freight Operators Nationwide in 2015 and in 2016
Table 4-3　The Regional Distribution of Road Freight Business Crew Nationwide in 2016
Table 4-4　The Composition of Freight Vehicles Nationwide by Operational Mode in 2016
Table 4-5　The Distribution of Nationwide Road Freight Operators for Dangerous Cargo in 2016
Table 4-6　The Regional Distribution of Road Freight Stations Operators and the Related Crew in 2016
Table 4-7　The Increase of Road Freight Related Services Providers from 2012 to 2016
Table 4-8　The Distribution of Road Freight Related Services Providers in 2016
Table 5-1　The Development of Motor Vehicle and Motorcycle Repair Business Operators from 2012 to 2016
Table 5-2　The Completion of Average Household Motor Vehicle Repairing from 2012 to 2016
Table 5-3　The Information of Top 5 Provinces （Autonomous Regions and Municipalities） with the First Grade Motor Vehicle Repairing Operators

Table 5-4	The Completion of Comprehensive Performance Testing for Motor Vehicle from 2012 to 2016
Table 5-5	The Region Distribution of the Comprehensive Performance Testing Stations for Motor Vehicle in 2016
Table 5-6	The Types of Motor Vehicle Driver Training School and the Change of the Quantities from 2012 to 2016
Table 5-7	The Distribution of Motor Vehicle Driver Training Institutions in the East, in the Central and in the West in 2016
Table 5-8	The Top 5 Provinces or Municipalities of Motor Vehicle Driver Training Institutions in the East, the Central and the West in 2016
Table 5-9	The Distribution of Motor Vehicle Driver Training Institutions Crew in the East, the Central and the West in 2016
Table 6-1	The Passenger and Freight Volume of International Road Transport between China and Surrounding Areas in 2016
Table 6-2	The Proportion of International Road Transport Enterprises by Different Scale in 2016
Table 6-3	Information about Passenger and Freight Transport Vehicles of International Roads in 2016
Table 6-4	The Usage of International Road Transport Driving License from 2012 to 2016